PROSPECTUS

DE LA

COLONIE ICARIENNE.

CONDITIONS D'ADMISSION.

Prix : 40 cent. — Par la Poste, 50 cent.

PARIS,

CHEZ L'AUTEUR, 3, RUE BAILLET ;

ET CHEZ TOUS LES LIBRAIRES.

Mars 1855.

TABLE DES MATIÈRES.

PROSPECTUS

DE LA

COLONIE ICARIENNE.

LOI CONTENANT LES PRINCIPES DE LA RÉVISION

DE LA LOI DU 5 AVRIL 1850,

SUR L'ADMISSION, LA RETRAITE ET L'EXCLUSION.

Le président de la communauté propose :

1° De conserver le principe du noviciat, sauf modification.

2° De conserver le principe de l'admission définitive par l'*Assemblée générale* de la Communauté.

3° De conserver le principe de la *retraite facultative*.

4° De conserver, en cas de retraite, le principe de la remise d'un trousseau, d'une literie et d'outils.

5° De conserver, pour le cas de retraite de Nauvoo, le principe de la restitution de la moitié de l'apport conformément aux articles 26, numéros 4 et 27 de la loi du 5 avril 1850.

6° D'introduire, à partir du 1er janvier 1855, une *somme fixe* pour tous ceux qui n'auraient pas à réclamer une moitié d'apport égale à cette somme.

7° De régler la question des jeunes filles admises sans apport de manière que chaque célibataire puisse avoir l'espérance de l'épouser.

8° De *réduire à* 300 francs le minimum d'apport.

9° D'adopter le principe d'autres réductions successives le plus tôt possible.

10° D'appliquer le plus tôt possible le principe de l'*uniforme*, de la *diminution* des frais de trousseau et du remplacement du vieux trousseau par un nouveau trousseau légal qui sera fourni par la communauté.

DISPOSITIONS SPÉCIALES

POUR LA COLONIE DE L'IOWA.

Je propose aussi les dispositions suivantes :

11° Tous les Icariens définitivement admis dans la Communauté, *seront admis* à partir pour la Colonie quand ils le le *demanderont*.

12° L'ordre dans lequel les départs s'effectueront sera réglé entre tous les demandeurs par l'Assemblée générale.

13° Celui qui désirera partir remettra à la Gérance, pour être soumise à l'Assemblée générale, sa demande écrite et signée, dans laquelle il prendra l'engagement : 1° de pratiquer de plus en plus les *principes* de la Communauté icarienne ; 2° d'observer la Constitution icarienne et toutes les lois qui sont et seront faites par l'Assemblée générale de la Communauté, notamment la loi du 28 *mai* 1854 sur l'organisation de la Colonie, et la présente loi du 12 juin 1854 ; 3° de ne pas quitter la Colonie avant *deux ans*, sans l'autorisation de l'Assemblée générale : 4° de revenir à Nauvoo aussitôt qu'il sera rappelé par l'Assemblée générale ; 5° de ne rien réclamer pour son *travail* en cas de retraite et de réclamer seulement ce qui lui est accordé par les articles 15 et 16 de la présente loi ; 6° de s'adresser exclusivement à l'Assemblée générale pour toute *réclamation ou contestation* soit contre la Colonie, soit contre la Communauté, soit contre un de leurs membres.

14° Par exception au N° 3 de l'article précédent, les *jeunes gens* pourront, après un an de séjour dans la Colonie, être autorisés par l'Assemblée générale à revenir à Nauvoo.

15° Celui qui quittera fraternellement la Colonie avant les deux ans de séjour, recevra son trousseau et sa literie tels qu'ils se trouveront à l'époque de sa retraite, et les outils qui auront été reconnus avant son départ lui être nécessaires, ou leur valeur convenue, si la Colonie les juge indispensables pour elle-même, et en outre une somme fixe.

16° Celui qui quittera fraternellement après les deux ans recevra, en outre des objets et de la somme fixée par l'article précédent la somme de . . . . . dollars, et moitié pour chaque enfant au dessous de 10 ans.

17° Les présentes dispositions s'appliquent à ceux qui ont été admis avant le 5 avril 1850 et à ceux qui arriveront à Nauvoo après le 1er janvier 1855 ; mais elles ne peuvent avoir d'effet rétroactif au préjudice de ceux qui sont arrivés dans la Communauté depuis la loi du 5 avril 1850, ou qui arriveront avant le 1er janvier 1855.

En conséquence, en cas de retraite, soit de Nauvoo, soit de la Colonie, ils pourront réclamer l'application de la loi du 5 avril 1850, s'ils n'y ont pas volontairement renoncé.

Ces dispositions ont été adoptées le 12 juin 1854, après plusieurs séances de discussion, sur l'appel nominal, par 104 contre 5, et 3 abstentions.

CONDITIONS D'ADMISSION.

Les principes, le but et les moyens de la Colonie Icarienne étant différents de ceux des autres sociétés, des autres émigrations, des autres colonies et des autres communautés, les *conditions d'admission* doivent nécessairement être différentes.

Tous ceux à qui ces conditions ne conviendraient pas sont parfaitement libres de les repousser et de ne pas venir : ceux-là seuls peuvent en conscience se joindre à nous, qui adoptent sans aucune répugnance toutes les conditions Icariennes. Voici ces conditions; il faut :

1° Bien connaître les écrits Icariens.

Il est indispensable d'approuver le système Icarien, par conséquent, de le bien connaître ; par conséquent de connaître tous les écrits qui l'exposent, notamment le *Voyage en Icarie, — Comment je suis Communiste, — Mon Credo communiste, — Les 12 Lettres sur la Communauté, — Le Vrai Christianisme, — Colonie ou République Icarienne.*

Chaque famille doit avoir un exemplaire de ces ouvrages et du présent écrit.

Personne ne doit demander son admission dans la Société Icarienne, s'il ne connaît pas ce système et ces écrits : avant tout, il faut les acquérir et les étudier.

2° Savoir lire, écrire et signer.

Pour bien satisfaire à la première condition, il est nécessaire de pouvoir lire, relire et étudier les écrits Icariens. Il est nécessaire aussi de pouvoir lire, même écrire et signer des demandes, des actes, des engagemens. Ne pas savoir le faire, pourrait avoir de graves inconvéniens. D'ailleurs, celui

7

qni ne sait pas peut apprendre avant de se présenter ; et , s'il désire ardemment, il saura bientôt.

Cependant, si quelque ouvrier , de la campagne surtout, connaissait le système Icarien et ses principes d'après des explications verbales faites par un ami , s'il avait bien toutes les qualités d'un Icarien , et s'il pouvait être un membre très utile , la circonstance qu'il ne saurait ni lire ni écrire pourrait n'être pas un obstacle à son admission , surtout à son admission provisoire.

3º adopter complètement le système Icarien.

L'Emigration ou la Colonie Icarienne a un but spécial, celui de prouver , en la réalisant, que la Communauté Icarienne est possible. Par conséquent , il est absolument nécessaire d'adopter complètement avec une entière conviction, sans aucune hésitation et sans aucune répugnance, le système Icarien , sa doctrine et ses principes. En un mot, pour être admis à fonder Icarie , il faut être vraiment Icarien.

Chacun est parfaitement libre de ne pas adopter les principes et les conditions de la Communauté sans qu'il en soit moins estimable ; mais alors, il ne faut pas se présenter comme Icarien ; c'est une affaire de probité.

Celui qui se ferait admettre en trompant à cet égard , commettrait une espèce de trahison et s'exposerait à être malheureux tout en troublant ou compromettant la Colonie ou la Communauté.

4º Agir par *dévouement* à la Communauté Icarienne: dans l'intérêt du Peuple et de l'Humanité tout entière, en se considérant comme un *soldat de l'Humanité.*

Sans doute , il n'est pas mal pour un Icarien de désirer faire partie de la Communauté Icarienne dans son intérêt personnel raisonnable et bien entendu , surtout dans celui de sa femme et de ses enfans ; mais , pour atteindre son but, en coopérant à la prospérité de la Communauté, il est nécessaire, avant tout , qu'il se *dévoue*; qu'Il prenne l'engagement de se *dévouer*; qu'il se considère comme soldat de l'Humanité , décidé à remplir tous les devoirs d'un soldat, toujours prêt à supporter les privations , les fatigues et les périls, toujours soumis à la discipline et toujours fidèle a son drapeau.

5° Se dévouer spécialement à la cause des *femmes* et des *enfants.*

L'un des buts principaux du système Icarien , c'est de rendre à la femme et à l'enfant tous leurs droits et de tout faire pour assurer leur bonheur. L'un des premiers devoirs des Icariens , c'est de protéger les femmes , de les respecter, de ne rien négliger pour les rendre heureuses.

6° Adopter le principe de l'*Egalité* en tout , sans aucun privilége pour personne.

L'Egalité non absolue mais relative ; l'Egalité des charges *suivant la force*, et des jouissances *suivant les besoins* ; l'Egalité en tout , dans la nourriture, dans le logement, dans le vêtement ; spécialement l'Egalité dans les trousseaux , afin d'éviter une des sources les plus abondantes de jalousies , de querelles et de troubles.

Les trousseaux, avec leur inégalité, ont été l'une des principales causes de toutes les discussions entre femmes, de toutes les divisions et de toutes les difficultés pour l'administration. Aussitôt que la chose sera possible, la Communauté fournira le même trousseau à tous les hommes, le même à toutes les femmes, le même à tous les enfans, et s'emparera de tous les anciens trousseaux, dont elle disposera pour le mieux dans l'intérêt général.

7° Adopter le principe de la *Fraternité.*

L'accepter avec toutes ses conséquences ; adopter ses associés pour Frères et Sœurs ; prendre l'engagement de les aider, de les défendre, de les aimer, d'être indulgent et tolérant, de réprimer tout mouvement de colère et tout ressentiment, et de pratiquer en tout ce précepte : *Fais aux autres ce que tu voudrais qu'ils te fissent.*

8º S'engager à s'abstenir soigneusement de toutes *injures*, de toutes *médisances* et de toutes *calomnies.*

C'est une condition essentielle ; car les querelles, les paroles blessantes, les reproches et les accusations pourraient troubler et compromettre la Colonie. — Avant l'admission, chacun peut et doit même communiquer tout ce qui peut empêcher cette admission ; mais, après l'admission discutée et votée, tout reproche sur la conduite antérieure n'aurait que des inconvéniens.

9º Adopter le principe de la vraie *Liberté.*

Prendre l'engagement de respecter la liberté des autres, de pratiquer cette maxime : *Ne fais pas à autrui ce que tu ne voudrais pas qu'il te fît*, de se soumettre à la décision de la majorité, précédée d'une discussion libre et régulière.

10º Adopter le principe de la *Communauté*, en renonçant à toute *propriété individuelle.*

C'est le point fondamental de la doctrine Icarienne, point de propriété individuelle. Un Icarien ne peut être propriétaire de rien, ni de son logement, ni de ses vêtemens, ni de ses outils, ni de ses armes, etc.; il a l'*usage* ou la *jouissance* des objets que la Communauté lui confie, mais il n'en a pas la propriété ; cette propriété *ne peut appartenir qu'à la Communauté* entre les mains de qui elle est une propriété indivise, sociale et commune. — Dans les premières années, et jusqu'à ce que la Communauté soit complètement fondée, organisée, développée, tous les livres doivent être dans la bibliothèque commune, excepté ceux compris dans la loi du 19 juillet 1854, tous les instrumens dans les cabinets de physique et de chimie, tous les outils dans les ateliers ou le magasin, toutes les armes, etc., dans l'arsenal ou le dépôt social.

11º Adopter le principe de l'*Unité*.

S'engager à faire tous ses efforts pour que la Communauté ne fasse qu'un corps, une famille, n'ayant qu'un cœur, qu'une âme, qu'un esprit.

12º Apporter ou céder à la *Communauté tous ses biens* quelconques.

Son argent, ses meubles, ses immeubles, ses créances, etc. etc., même son trousseau, ses bijoux, ses outils, ses armes, ses livres, etc., en un mot tous ses biens présens et à venir, même les donations et les successions futures. Parce que, dans la Communauté, personne ne peut être plus riche qu'un autre, ni avoir de propriété personnelle, parce que personne ne peut être mieux traité que ses Frères.

13º Ne rien *cacher* ni *retenir*.

Celui qui cacherait ou conserverait une partie de sa fortune serait plus riche que les autres qui auraient tout donné. Il serait moins dévoué, moins constant, moins fidèle, plus disposé à quitter pour un rien, et plus capable d'en entraîner d'autres avec lui.

Si l'on n'approuve pas cette condition de tout apporter, on est parfaitement libre de la repousser; mais alors il ne faut pas venir déclarer qu'on apporte tout quand on conserve quelque chose, ce serait s'avilir en mentant et violant les principes icariens, ce serait, par ses conséquences, une faute infiniment grave!

14º Apporter au moins 300 francs ou 60 dollars, indépendamment d'un bon trousseau complet et suffisant pour deux ans.

C'est surtout dans l'intérêt des pauvres que la Communauté a été imaginée et sera établie; par conséquent il est infiniment désirable qu'on puisse admettre ceux qui ne possèdent rien qu'une nombreuse famille, des qualités et des talents. Probablement, sans doute même, on le pourra quelque jour quand la Communauté sera fondée par le dévouement de ceux qui auront apporté quelque fortune pour commencer : nous venons même de diminuer l'apport de 100 fr. ; mais aujourd'hui et pendant quelque temps encore, un minimum d'apport est absolument nécessaire pour subvenir aux immenses dépenses de l'entreprise à son début. — La femme remettra le minimum d'apport comme le mari ; chaque enfant au-dessous de dix ans pourra ne payer que 150 francs ou 30 dollars. — Chaque partant paiera les frais de son voyage, depuis la France jusqu'à Nauvoo. — Les actions et coupons du *Populaire* pris en 1850, et postérieurement, ne seront pas imputables sur le minimum d'apport. — Personne ne peut partir avec l'excédant d'apport versé par un autre sans une autorisation spéciale reçue de Nauvoo avant le départ. — En arrivant à Nauvoo, chacun devra remettre un *inventaire* détaillé contenant son trousseau et son apport. — Cet inventaire sera vérifié.

Celui qui se présenterait sans le minimum d'apport et sans le trousseau, commettrait une faute bien grave et s'exposerait à être *refusé*. Ce ne serait pas être Icarien, mais égoïste, puisque l'on compromettrait la Communauté. Ce ne serait pas même être raisonnable, puisqu'on se trouverait dans une Communauté compromise.

15º Exercer une *industrie utile* ou pouvoir être employé à un travail utile quelconque.

Dans la Communauté, tout le monde doit travailler, et travailler également, chacun suivant ses forces.

16º S'engager à *travailler à la terre*, s'il est nécessaire.

La culture ou le travail de la terre peut être la première nécessité dans le commencement de la Colonie ; il faut que tous les colons puissent y être employés.

17º S'engager à travailler dans les *ateliers*.

Dans la Communauté, tout le travail s'exécute, non dans les logemens particuliers, mais en commun et dans de grands ateliers fixes ou mobiles.

18° Donner à la Communauté toute son industrie, toute sa capacité, tout son temps.

Personne ne peut travailler ni pour soi ni pour sa famille ou ses amis. Cela n'est pas nécessaire, puisque la Communauté fait travailler pour tous et pour chacun, et cela pourrait faire négliger le travail commun, même exciter des jalousies et des disputes. Avant tout il faut travailler en appliquant toujours ce principe : *Chacun pour tous, tous pour chacun.*

19. Être *laborieux.*

Chacun a plus ou moins d'aptitude, de facilité, de goût pour le travail et même d'habitude ; mais, comme le travail est la vie d'une Colonie naissante, comme elle renferme nécessairement beaucoup de membres remarquables par leur ardeur au travail, leur zèle et leur dévoûment, celui qui travaillerait peu se trouverait naturellement exposé à des jalousies, à des critiques, à des accusations de fainéantise et de paresse, qui, quoique exagérées, n'en porteraient pas moins quelque trouble dans la Société : que celui qui n'aurait ni l'habitude ni la facilité du travail s'abstienne donc de demander son admission.

20° Être *vigoureux.*

Tout ce qui vient d'être dit sur le numéro précédent s'applique à celui-ci. D'ailleurs, les voyages sur mer et sur terre avec toutes leurs privations et leurs gênes, sont très pénibles, surtout par les gros temps ou les mauvais chemins, et exigent de la vigueur, comme les premiers travaux de défrichement et de construction pour une Colonie. Celui qui se présenterait sans avoir la force et la vigueur nécessaires, compromettrait à la fois lui-même et la Colonie.

21° N'être pas trop âgé.

Quand Icarie sera bien fondée et développée dans toute sa perfection, loin d'entendre aucune observation défavorable aux vieillards, on n'entendra que des témoignages d'égards, de respect et de reconnaissance envers eux ; mais au début, dans le commencement, s'il n'y avait que des vieillards ou s'ils étaient trop nombreux, la Colonie pourrait périr avec eux ; car généralement, ils sont infirmes, sans force et sans activité, et surtout exposés à devenir chaque jour malades ou infirmes, ou impropres au travail, cas auquel ils deviennent une charge d'autant plus lourde que la Communauté s'attache plus à les ménager et à les soigner. Néanmoins, l'intérêt général peut autoriser quelques rares exceptions. Mais ce serait une grande imprudence, pour un vieillard, de se mettre en route pour la Colonie, sans avoir auparavant reçu de Nauvoo l'autorisation d'y venir.

22° N'avoir ni *maladie* contagieuse, ni maladie incurable ou grave, ni infirmité qui puisse rendre impropre au travail.

D'abord, les malades ou les infirmes sont impropres au travail et manquent à l'atelier. Il faut des infirmeries, des cuisines spéciales, une pharmacie, des remèdes plus ou moins dispendieux, des médecins, infirmiers, gardes-malades, etc. Une partie des valides se trouve absorbée et annulée par le service des malades. Les décès plus fréquents produisent toujours un effet plus ou moins fâcheux. Toutes les combinaisons de travail et d'ateliers, de repas et de dépenses, se trouvent renversées. Les inconvénients sont énormes et innombrables, sans compter celui de ne pouvoir améliorer rapidement les générations Icariennes, l'un des principaux buts de la Communauté. Ces inconvénients ont même été un danger pour le commencement de notre entreprise en 1848 et 1849, lorsque des hommes jeunes et vigoureux ont déserté leur poste en nous laissant un nombre disproportionné de vieillards, de femmes, d'enfans et de malades.

Nous ne demandons pas de certificat : c'est une question d'honneur.

23° Être *tempérant, frugal, simple.*

Un jour Icarie donnera du bien-être, l'utile et l'agréable, sans autre limite que la raison, les prescriptions de l'hygiène et la nécessité de maintenir l'égalité sans aucun privilége, suivant ce principe : *pour tous ou pour personne*; mais dans le commencement, pendant l'époque de fondation, il faut appliquer la règle Icarienne : *d'abord le nécessaire, puis l'utile, enfin l'agréable.* Par conséquent, il faut d'abord de la tempérance, de la frugalité, de la simplicité en tout, dans la nourriture, dans le vêtement, dans le logement et l'ameublement, comme il convient à un soldat de l'Humanité, à un serviteur dévoué de la Communauté. Celui qui serait gourmand, viveur, jouisseur, ne serait qu'un esclave de ses sens, incapable et indigne d'être un des Fondateurs de la Communauté. Sans pouvoir être heureux lui-même dans une Colonie naissante, il y porterait le trouble avec ses exigences et ses regrets.

24° Point de *tabac.*

Le tabac est généralement inutile, souvent nuisible, malpropre, désagréable à ceux qui n'en ont pas l'habitude, assujétissant, dispendieux et souvent dangereux. Il crée quelquefois un besoin tellement impérieux, qu'on a vu des hommes se donner la mort pour se délivrer du supplice de n'avoir pas de tabac. Et c'est un grand embarras de se procurer du tabac quand on est en voyage ou dans le désert. Et c'est une dépense regrettable quand on est dans la nécessité d'économiser pour la Colonie ou pour des Frères qui demandent à être aidés pour venir. Et c'est dégoûtant, par exemple, dans un cuisinier, ce qui peut empêcher (comme il nous est arrivé) d'employer un cuisinier dont on aurait besoin. Et c'est dangereux, car plus d'une fois la pipe a causé des incendies. Nous en avons malheureusement l'expérience; car l'un de nos charretiers a mis le feu, avec sa pipe, dans un bâtiment qui a été consumé par les flammes avec tout ce qu'il renfermait, ce qui nous a causé une grande perte, et ce qui pouvait brûler toute la Communauté, personnes et choses ! Et, cependant, l'habitude du tabac devient une passion si dominante, que le même charretier, malgré cette terrible leçon, a recommencé à fumer dans une autre écurie, tandis que, en violation des règlements positifs, d'autres fumaient dans le réfectoire commun ou dans un dortoir commun, d'autres dans leurs chambres, et quelques-uns mêmes dans leurs lits, au risque de tout incendier !

Lorsque Icarie sera grande et forte, elle fera ce qu'elle jugera convenable à cet égard. Il est probable, néanmoins, qu'elle n'admettra pas le tabac, si ce n'est par exception, comme médicament ou remède, par ordonnance du médecin : elle aura assez d'autres jouissances plus propres et moins individuelles !

Mais, aujourd'hui, l'interdiction du tabac nous paraît une nécessité ; et certainement, nous n'en donnerons pas l'habitude à nos enfants.

Que celui qui a l'habitude du tabac ne parte donc pas pour la Colonie Icarienne, à moins qu'il ne se sente la force de déposer cette habitude pendant le voyage. (V. *La Réforme* du 21 novembre 1853.)

25º. — Pas de *liqueurs fortes*.

C'est à peu près la même chose que pour le tabac. — C'est inutile, dispendieux, généralement nuisible et dangereux. Quelques ouvriers ont prétendu qu'ils ne pouvaient pas travailler sans prendre du wiskey une et même plusieurs fois par jour, et les réclamations au sujet du wiskey ont été l'un des embarras pour l'administration de la Colonie. Cependant, un véritable Icarien ne peut-il pas se passer de wiskey comme tous les Icariens ont perdu l'habitude du vin pour prendre celle du café et du thé à leurs repas.

Cependant, si un peu de liqueur paraît nécessaire le matin, avant le travail, la Communauté la distribue.

26° — N'avoir ni *prédilection* ni *répugnance* pour certains aliments.

Dire, par exemple : *Je ne puis déjeuner sans café au lait* ou *je ne puis pas manger de lard, il me faut autre chose*, ce n'est pas un crime assurément ; mais quand il s'agit de fonder une Colonie dans le désert, c'est un embarras, une dépense, un inconvénient, et au lieu d'émigrer, on fera mieux de rester où on sera.

27° — Être habitué ou résigné aux gênes et aux inconvéniens de la *vie sociale* ou *commune*.

Quand Icarie sera dans sa force et dans sa puissance, ses ateliers communs et ses machines, ses cuisines et ses tables communes, ses bibliothèques communes, etc. , seront bien autre chose que les bibliothèques, les tables, les cuisines, les ateliers de chacun dans l'individualisme ; et quand la Communauté fournira à tous ses Travailleurs des logements séparés, propres et commodes, avec tous les meubles nécessaires, la vie sociale ou commune n'aura presque que des avantages sans inconvénients et sera infiniment plus heureuse que la vie individuelle. Mais aujourd'hui, qu'il faut voyager en masse, entassés dans un navire sur mer ou sur un fleuve, quand il s'agit de loger, coucher, manger, travailler, dans une espèce de confusion et de pêle-mêle, on est nécessairement gêné, incommodé, privé d'une partie de sa liberté, et de là des mécontentements, des querelles, des divisions qui troublent et menacent la Société dans son existence : les premières expéditions Icariennes n'en ont fourni que trop de preuves, car ce sont peut-être les querelles nées de la gêne pendant les voyages qui ont le plus contribué aux premières divisions et aux premiers désordres. — Cependant les voyages, la confusion, la gêne, sont inévitables pendant la *période de fondation* : il faut donc nécessairement s'habituer d'avance ou se résigner, en soldat courageux et dévoué, à toutes les gênes de la vie commune, et si l'on ne s'en sent pas la force, il faut rester, pour ne pas compromettre l'expérience de la Communauté.

28°. — *Ne disposer de rien* de ce qui appartient à la Communauté.

Chacun est co-propriétaire de tout ce qui appartient à la Communauté, et rien n'appartient exclusivement à personne. *Tout à tous, rien à personne.* Par conséquent, la Société ou l'administration qui la représente ont seules le droit de disposer d'une chose quelconque ; par conséquent, personne ne peut disposer de rien par sa seule volonté, dans son intérêt personnel ou dans celui d'un autre ; en disposer arbitrairement serait commettre une espèce de vol et surtout du désordre. Que chacun réfléchisse bien à cet engagement.

29° — Pas d'*envie* ou *jalousie*.

L'une des principales causes des difficultés survenues dans la Colonie depuis le premier départ, c'est l'envie et la jalousie, vices essentiellement contraires à la Fraternité. Sondez-vous donc ; et si vous vous sentez quelque penchant à l'envie, ne venez pas !

30° — Eviter d'*exciter l'envie*.

Mais celui qui voudrait des priviléges, qui tirerait vanité de quelques avantages, et qui prendrait plaisir à blesser les autres en excitant chez eux l'envie et la jalousie, serait encore plus indigne du titre d'Icarien : qu'il ne vienne pas en Icarie ; car il n'y trouverait ni l'estime, ni le bonheur.

31° Être habitué à la *propreté*.

Quand on vit dans l'individualisme, si l'on est seul, on peut être malpropre sans offusquer personne. Et encore la malpropreté, qui peut compromettre la santé, n'est convenable ni pour un homme raisonnable et réfléchi, qui a le sentiment de la dignité humaine, ni surtout pour un Icarien, qui veut travailler à l'amélioration et au perfectionnement de l'Humanité ; mais dans la vie sociale ou commune, et surtout dans la vie fraternelle, la propreté en tout, sur le corps et dans le vêtement, dans le logement et l'ameublement, dans la cuisine et l'infirmerie, dans le travail et dans l'atelier, à table et dans les réunions, est un devoir rigoureux de fraternité envers les Frères, que la vue de la malpropreté pourrait contrarier et blesser... La malpropreté pourrait même devenir en même temps un danger pour la santé générale et une cause de querelles et de divisions dans la Colonie.

32° Observer la *décence* partout, dans les actes et dans les paroles.

C'est un des premiers devoirs de la vie sociale et commune. — L'obscénité est tout à fait inutile et plus digne de la brute que de l'homme. — Sans doute la décence et la pudeur seront un des objets principaux de l'éducation Icarienne pour les jeunes garçons comme pour les jeunes filles, et par conséquent les hommes et les femmes doivent éviter soigneusement tout ce qui pourrait être un mauvais exemple et une mauvaise leçon pour les enfants. — Sans doute aussi les Icariens, qui prennent l'engagement de se dévouer pour la cause des femmes (n° 5), ne peuvent vouloir leur manquer de respect et les outrager en leur faisant entendre des paroles qu'elles ne pourraient entendre sans rougir. Par conséquent, c'est un devoir pour les Icariens de respecter en tout la décence et la pudeur, qui sont un des plus beaux ornements des femmes et et l'un des moyens les plus efficaces pour assurer leur bonheur commun.

33° Être *soigneux, économe.*

Réfléchir à tout ce qu'on fait pour ne rien briser, rien détruire : être soigneux pour ne rien laisser perdre, économe pour ne rien dépenser sans nécessité, c'est un devoir envers soi-même pour un homme raisonnable, lors même qu'il est dans l'individualisme ; mais pour un Icarien, dans l'intérêt de la Communauté, c'est un devoir bien autrement impérieux, puis-

que l'Icarien promet dévouement à la Communauté (n° 4)
Tout ce qu'on perd ou qu'on laisse perdre, ou qu'on dépense
sans nécessité est une espèce de vol fait aux Icariens que la
misère empêche de partir et qu'on pourrait faire venir avec
du soin et de l'économie ; et si quelque membre de la Colonie
pouvait dire : « Je n'ai pas besoin de soigner et d'économiser,
parce que c'est la Communauté qui paiera, » il violerait à la
fois tous les principes et tous ses engagements.

34° Ni *chasse* ni *pêche* comme plaisir.

Comme moyen de fournir à l'alimentation, la chasse et la
pêche peuvent être utiles et considérées comme un travail,
et une fonction, et alors il faut choisir des chasseurs et des
pêcheurs exercés et habiles, en les organisant pour rendre
leur travail fructueux ; mais considérées comme plaisirs, la
chasse et la pêche seraient des plaisirs individuels, fatigants,
périlleux, dispendieux, contraires aux principes Icariens. Que
deviendraient les femmes, le jour du repos, si les hommes les
abandonnaient pour aller s'amuser à chasser et à pêcher? Et
puis, est-ce pour s'amuser que les Icariens quittent leur Patrie
et viennent à trois mille lieues en prenant le titre de soldats de
l'Humanité ? Quand les Icariens seront en marche dans le
désert, qu'ils aient des fusils pour se défendre et pour se
nourrir de leur chasse, bien ! mais quand ils sont fixés, qu'ils
dépensent de l'argent pour acheter des armes et de la poudre
afin de s'amuser en tuant quelques animaux inutiles, c'est
une inconséquence.

35° Observer le *silence*.

Le silence est une nécessité à l'école, dans un bureau, à
l'infirmerie, dans un cours, dans une assemblée publique ; à
table, c'est une règle généralement adoptée dans les grandes
réunions ; dans l'atelier pendant le travail, c'est encore une
espèce de nécessité, si l'on veut que chacun travaille sans que
personne puisse empêcher les autres de travailler.

Nous ne parlons pas de toutes les paroles et de tout le bruit

nécessaire pour l'exécution du travail lui-même, mais de c
discussions étrangères au travail et qui l'empêchent ou lui nu
sent.

C'est une gêne, dira-t-on peut-être ! mais il y en a bi
d'autres, des milliers d'autres, dans l'ancienne société ! Po
avoir tous les avantages de l'Association, il faut bien fai
quelques sacrifices ! Or, point de Communauté sans travail
point de travail sans silence. L'expérience est là pour no
éclairer. Beaucoup des difficultés éprouvées par la Colon
jusqu'aujourd'hui sont venues des causeries ou des discussio
dans certains ateliers, causeries qui ont presque toujours d
généré en médisances, en calomnies, en critiques, qui o
jeté du trouble dans la Société.

Il faut aussi éviter partout les cris et le bruit inutile qui pe
incommoder quelqu'un.

36° Aimer l'*organisation* et l'*ordre*.

Il est vrai que l'organisation et l'ordre gênent la libert
mais cette gêne est une nécessité ; car, sans organisation
sans ordre, il n'y a pas de travail, pas de production, pas c
société possibles.

37° Se soumettre à la *discipline*.

Il en est de même de la discipline : sans discipline, il n'y
ni travail, ni société possibles. — Nous savons bien que
mot *discipline* blesse quelques oreilles ; mais pourquoi l
Icariens se trouveraient-ils blessés et humiliés d'avoir d
chefs ou des directeurs dans tous les ateliers fixes ou mobile
et pour tous les grands travaux, quand ces directeurs sont él
et choisis par eux, dans l'intérêt du travail, quand chaq
travailleur peut être directeur, et quand ceux qui dirigent
commandent sont obligés de le faire avec justice et fraternité
Il ne serait pas Icarien, celui qui ne voudrait pas prend
l'engagement d'obéir sans résistance et sans murmure ; c
alors ce serait l'anarchie, qui paralyse tout et ce serait au
la discorde et le chaos, qui détruiraient la Société. Dans

cas, qu'il ne vienne pas ; car tout le monde dit, la *qualité* vaut mieux que la *quantité*.

38° S'engager à se *marier* quand on le pourra.

Le mariage est la règle ordinaire et générale en Icarie ; la Société, l'Ordre et la Paix y sont fondés sur le Mariage et la famille ; la Communauté n'y sera parfaite que quand il n'y aura point de célibataires.

39° — Adopter pour *Religion* le Vrai Christianisme, et pour *Culte* la pratique de la Fraternité.

Quand Icarie sera dans sa perfection, quand l'éducation Icarienne y aura formé des générations plus éclairées et plus affranchies de toutes espèces de préventions ou de préjugés, la liberté la plus complète y protégera toutes les opinions religieuses et tous les cultes, s'il est possible que le plus haut développement de l'intelligence et de la raison humaine dans tous les Icariens n'établisse pas la même opinion sur la Religion et le Culte comme sur toutes autres questions. Mais aujourd'hui, et pendant l'époque de fondation, il est nécessaire que tous ceux qui se présentent pour entrer en Icarie aient la même Religion et le même culte pour éviter toute discussion et toute querelle à ce sujet. Et cette Religion Icarienne, c'est le Christianisme dans sa pureté primitive tel qu'il est exposé dans l'ouvrage intitulé : *Vrai Christianisme*, basé sur l'idée d'une cause première appelée Nature ou Dieu, considéré comme Père de tous les Hommes. Tous ceux qui veulent professer et proclamer le Matérialisme, ou l'Athéisme, ou le Catholicisme, et qui veulent le Culte catholique avec ses églises, ses prêtres, sa confession et ses cérémonies, sont parfaitement libres : mais qu'ils ne viennent pas parmi nous, parce que nous avons besoin d'harmonie et d'unité.

40° — S'engager à n'être *jamais hostile.*

Etre hostile envers la Communauté à laquelle on aurait juré amour et dévouement, envers des camarades qu'on aurait adoptés pour frères, ce serait une monstruosité. Cependant, cette monstruosité, nous l'avons vue et elle nous a fait bien du mal. C'est pourquoi nous demandons que le postulant prenne l'engagement, quoi qu'il puisse arriver, de n'être jamais hostile.

41° — Ne *rien emporter* malgré la Société.

Ce serait un véritable vol, qui pourrait désorganiser et compromettre la Société. Cependant, une véritable expérience nous condamne à la nécessité de demander l'engagement formel de ne rien emporter sans le consentement de la Communauté.

42° Les femmes mariées ou non doivent, comme tous les hommes, remplir toutes ces conditions.

La femme a même plus besoin de les remplir que l'homme; car quand elle n'est pas Icarienne, elle peut entraîner son mari et porter dans la Communauté plus de trouble et de désordre. Nous en avons fait la funeste expérience en 1849 : ce sont des femmes qui s'étaient dites Icariennes, mais qui ne l'étaient pas, qui ne connaissaient nullement nos doctrines, qui n'avaient que de l'égoïsme et de la vanité avec l'ignorance, sans qualités sociales et sans jugement, qui n'étaient parties que pour soustraire leurs maris à la persécution qu'avait attirée sur eux leur conduite révolutionnaire, ce sont ces femmes, disons-nous, qui ont été la principale cause des dissidences et des désertions par leur influence sur des maris faibles et aveuglés.

43° — *Garantir* que *sa femme* remplit réellement toutes les conditions.

Pour être admis en faisant admettre leurs femmes, plusieurs Icariens ont déclaré que celles-ci étaient Icariennes, tandis qu'elles ne l'étaient pas, et qu'elles ne partaient que par une espèce de contrainte ou par quelque motif d'intérêt personnel et égoïste. C'était une tromperie infiniment grave de la part des maris ; c'était manquer au premier devoir d'un véritable Icarien, qui doit être *dévoué* à la Communauté.

44° *Garantir* que *ses enfants* n'ont pas de vices essentiels, au moral comme au physique.

Les enfants qui naîtront en Icarie et dont la Communauté préparera et fera l'éducation dès leur naissance, n'auront pas de vices bien difficiles à corriger. — Dans quelques années, quand la Colonie aura les moyens suffisants en argent, en logements et en instituteurs, elle pourra se charger de mille et dix mille enfants de tout âge et de tout caractère, sans s'effrayer de leurs défauts, de leurs mauvaises habitudes et de leurs vices mêmes ; mais pendant les premières années de la période de fondation, les mauvaises habitudes et les vices de quelques enfants, surtout un peu âgés, pourraient occasionner de graves difficultés, comme nous ne le savons que trop par expérience. C'est donc une nécessité que les enfants n'aient pas de vices essentiels, et que les pères et mères les garantissent sous leur responsabilité morale.

45° *Consentir* à ce que la Communauté *dispose* complètement des enfants.

L'éducation de l'enfant doit commencer à sa naissance, et c'est l'éducation qui fera la force et l'espérance de la Communauté. Il est nécessaire que la Communauté puisse disposer entièrement des enfants, depuis leur naissance, sans pouvoir être contrariée par les parents. Sans doute la mère aura le droit d'allaiter son enfant ; mais toutes les questions qui concernent l'éducation physique, intellectuelle et morale de l'enfant, appartiennent à la Communauté. Cependant, on a vu des mères ignorantes et obstinées, s'opposer à toute amélioration, à toute réforme, et compromettre la santé et la vie même de leurs enfants par une tendresse aveuglée par une foule de préjugés. Par conséquent, il est indispensable que chacun donne formellement le consentement dont il s'agit. S'il en est à qui ce consentement répugne, ils sont parfaitement libres de le refuser; mais alors qu'ils ne viennent pas en Icarie; car ils ne sont pas Icariens.

46° Accepter la *Constitution* délibérée à Nauvoo, ainsi que les *lois et réglements* faits et à faire, et s'engager à les exécuter sans critique et sans murmures.

C'est une nécessité manifeste; sans cette exécution fidèle, il n'y a pas de société possible; et l'un de nos principes politiques les plus essentiels, c'est que chacun doit être parfaitement libre d'attaquer un *projet de loi;* mais qu'après un vote libre et régulier, la *minorité* doit céder à la *majorité* et exécuter la loi comme une chose sacrée.

47° Remettre, au bureau de Paris, les *pièces* suivantes :

1° Acte de naissance ; — 2° une notice biographique contenant un récit succinct de sa vie, avec les principales circonstances ; — 3° les diverses professions ou les divers travaux desquels on est capable ; — 4° la liste des principaux parents avec leurs professions et leurs adresses ; — 5° la liste des principaux amis ou des principales connaissances ; — la liste des principaux Icariens que l'on désirerait voir arriver ; — 7° l'*inventaire* détaillé de tout ce que l'on apporte, en argent, en nature, en trousseau, en linge excédant le trousseau, en outils, en livres; 8° l'acceptation écrite et signée de la Constitution et de toutes les conditions ci-dessus;—9° une demande en admission.

48° A Nauvoo le demandeur se présentera devant une *Commission* chargée de vérifier les pièces, — de l'interroger et de l'examiner,—d'ouvrir une enquête, — et de faire son rapport à la Gérance et l'Assemblée générale, qui prononcera sur la demande en admission.

TROUSSEAU ICARIEN.

TROUSSEAU D'HOMME.

Linge. — Douze chemises très bonnes; — douze mouchoirs de poche; — huit serviettes ou essuie-mains.

Vêtement. — Trois gilets de flanelle pour ceux qui en portent; — un tricot de laine; — deux tricots de coton pour ceux qui n'en portent pas en laine; — trois caleçons; — quatre paires de bas ou chaussettes laine; — six paires de chaussettes coton; — un pantalon de drap pour s'habiller; — un pantalon d'été pour s'habiller; — deux pantalons chauds pour travailler; — quatre pantalons de grosse toile pour travailler; — deux paires de bretelles; — une ceinture en cuir; — quatre gilets; — une redingote ou habit; — un paletot ou caban ou manteau; — une veste en drap ou en velours; — six cravates, dont deux en laine; —quatre blouses ou bourgerons; — une brosse à habits.

Coiffure. — Un chapeau de feutre gris;—deux casquettes;—six bonnets de coton.

Chaussure. — Deux paires de souliers neufs, napolitains autant que possible; — deux paires de bottes; — une paire de chaussons pour la chambre; — une paire de chaussons pour mettre dans les sabots; — une boîte de cirage; — trois brosses à souliers.

Literie. — Une toile à paillasse; — un matelas de vingt-cinq livres pour une personne, de trente-quatre livres pour un ménage (les personnes qui auront des lits de plume pourront les apporter) ; — un traversin ; — un oreiller, deux pour un ménage ; — quatre taies d'oreiller pour chaque oreiller ; — deux paires de draps par personne, quatre par ménage ; — deux couvertures laine ou coton, par personne ou par ménage ; — un vase de nuit en métal (fer battu).

Propreté. — Deux peignes pour cheveux ; — un peigne pour barbe ; — une brosse à cheveux ; — une brosse à dents ; — deux rasoirs ; — un cuir à rasoirs ; — une petite glace fermante ; — objets de toilette et de santé.

Objets divers. — Parapluie, — couteaux, — ciseaux, — dés, fil, aiguilles et épingles ; — plusieurs paires de lunettes, si on en porte.

Fournitures pour écrire. — Encrier, — papier, — plumes, —cachet, cire ni pains à cacheter,—agenda.

Outils de sa profession. — Bons et nécessaires (pas trop lourds ou trop volumineux).

Ustensiles de cuisine, de table. — Cafetière ou bouillote, — assiettes, cuillers et fourchettes en fer battu, — gobelet en fer-battu, — cuvette, — vase pour mettre de l'eau.

Malle plate et pas trop volumineuse.

Nota. — Ces divers objets constituent le trousseau au minimum. — Il faut que tous ces objets soient neufs ou au moins en très-bon état. — Si on a plus en linge, vêtement, literie, on peut apporter l'excédant pour le déposer dans la caisse commune. — Il ne faut rien dépenser pour aucun objet de luxe.

On ne sera pas admis si on n'a pas complètement son apport en argent, le trousseau et la literie.

TROUSSEAU DE FEMME.

Linge. — Douze chemises très bonnes, — douze mouchoirs de poche, — huit serviettes ou essuie-mains, — six torchons.

Vêtement.—Six camisoles,—deux pantalons ou caleçons pour le voyage, — trois paires de bas de laine; — douze paires de bas de coton, — quatre jupons blancs, — deux jupons de couleur, — huit robes d'hiver et d'été, — deux châles ou manteaux, — trois gilets de flanelle pour celle qui en porte, — six tabliers, — six bonnets de nuit, six bonnets de jour, — douze fichus, — deux pélerines, une d'hiver, une d'été, — pointes de fantaisies, — deux corsets pour celles qui en portent, — deux fanchons ou bonnets noirs,— une brosse à habit.

Chaussure. — Quatre paires de souliers, à haute anglaise autant que possible, — deux paires de chaussons, — une boîte de cirage, — trois brosses à souliers.

Literie. — Une toile à paillasse, — un matelas de vingt-cinq livres pour une personne, de trente-quatre livres pour un ménage, — deux paires de draps par personne, quatre par ménage, — deux couvertures, laine ou coton, par personne ou par ménage, — un traversin, — un oreiller par personne, deux par ménage, — quatre taies d'oreiller par oreiller,—rideaux, — un vase de nuit en fer battu.

Objets de toilette ou de santé. — Deux peignes-démêloirs pour cheveux, — deux peignes fins, — deux peignes à chignon, — deux brosses à dents et à ongles,

— une petite glace fermante, — une cuvette, — une seringue.

Objets divers. — Parapluies, couteaux, ciseaux, — fournitures, des aiguilles, etc.

Ustensiles de cuisine, table, etc. — Cafetière ou bouillotte, — assiettes, cuillers et fourchettes en fer battu, — gobelets en fer battu, — vase pour mettre de l'eau.

Outils de la profession. — Bons et nécessaires, pas trop lourds ni trop volumineux.

Fournitures pour écrire. — Encrier, papier, plumes, cachet, — cire ou pains à cacheter, — agenda.

Malle plate et pas trop volumineuse.

NOTA. — Ces divers objets constituent le trousseau de femme au minimum. — Il faut que tous les objets soient neufs ou au moins en très bon état. — Si on a plus en linge, vêtement, literie, on peut apporter l'excédant pour le déposer dans la caisse commune. — Il ne faut rien dépenser pour aucun objet de luxe, ni pour des robes de soie, ni pour des chapeaux, ni pour des bottines.

On ne sera pas admis si on n'a pas complètement son apport en argent, le trousseau et la literie.

TROUSSEAU DE PETIT GARÇON AU-DESSOUS DE DIX ANS.

Linge. — Douze chemises, — douze mouchoirs de poche, — huit serviettes ou essuie-mains.

Vêtements. — Six blouses de couleur, — six pantalons pour hiver et été, — trois caleçons, — huit paires de bas, moitié laine et moitié coton, — quatre cravates, — une ceinture en cuir verni, — deux casquettes.

Chaussure. — Trois paires de brodequins, — deux paires de chaussons pour sabots.

Literie. — Six bonnets de nuit, — deux paires de draps, — un oreiller, — quatre taies d'oreiller, — deux couvertures, — un matelas, une toile à paillasse, — un vase de nuit.

Propreté. — Un peigne à démêler, — deux peignes fins, une brosse à cheveux, — une brosse à peigne, — une brosse à dents, une petite glace fermante, une cuvette.

Objets divers. — Assiette, cuiller et fourchette en fer battu, — gobelet en fer battu, couteau.

Nota. — Le trousseau de garçon au-dessus de dix ans doit être le même que celui de l'homme.

TROUSSEAU DE PETITE FILLE AU-DESSOUS DE DIX ANS.

Linge. — Douze chemises, — trois chemises de tricot, — douze mouchoirs de poche, — huit serviettes ou essuie-mains.

Vêtement. — Six pantalons, huit robes, — six jupons, — quatre tabliers de couleur à manches, — dix paires de bas dont quatre en laine, — six fichus blancs, — un camail mérinos noir, ouaté, un chapeau de grosse paille rond, six bonnets de nuit, — deux bonnets de jour.

Chaussure. — Trois paires de brodequins, — deux paires de chaussons pour sabots.

Literie. — deux paires de draps, — un oreiller, — quatre taies d'oreiller, — deux couvertures, — un matelas, — une toile à paillasse, — un vase de nuit.

Propreté. — Un peigne à démêler, — deux peignes fins, — une brosse à cheveux, — une brosse à peigne, — une brosse à dents, — une petite glace fermante, — une cuvette.

Ustensiles. — Assiette, cuiller, fourchette et gobelet en fer battu, —couteau.

Nota. — Le trousseau de la fille au-dessus de dix ans est le même que celui de la femme.

Ce nouveau trousseau, moindre que celui du 7 septembre 1850, a été discuté et adopté par la commission de vêtement composée de vingt Icariens et Icariennes, puis par l'Assemblée générale à l'unanimité, le 1er mars 1851.

RECOMMANDATIONS POUR LE VOYAGE.

Quand la Communauté Icarienne pourra organiser, en France, des départs officiels, elle en prendra la responsabilité à condition que la vie sociale et commune commencera complètement au départ de Paris, et que les partants se soumettront absolument pour tout, à la direction et aux règlements de la Communauté pendant le voyage; et notamment, on n'admettra que ceux qui pourront et voudront aller directement jusqu'à Nauvoo, sans s'arrêter ni à la Nouvelle-Orléans ni à Saint-Louis, en remplissant d'ailleurs toutes les conditions d'admission.

Mais pour le moment, ceux qui voudront partir, partiront à leurs risques et périls, sans aucune responsabilité oi du Bureau Icarien de Paris, ni de la Communauté à Nauvoo.

On les aidera seulement autant qu'on le pourra, soit à Paris, soit au Havre, soit à la Nouvelle-Orléans, soit à Saint-Louis, et c'est dans ce sens que nous allons leur donner les conseils que nous dicte l'expérience.

1° d'abord, avant tout, étudiez bien le programme des conditions d'admission et voyez si ces conditions vous conviennent et si vous pouvez les remplir.

2° Préparez-vous autant que possible 3 ou 4 mois à l'avance, pour régler, vendre, réaliser et liquider toutes vos affaires ; pour acheter et préparer votre trousseau ; réunir les pièces indiquées au paragraphe 47 du programme des conditions d'admission (page 24).

3° Huit ou quinze jours avant le départ du pays que vous habitez, il faut vous munir d'un passe-port pour la Nouvelle-Orléans, ou simplement pour les États-Unis, sans désignation de ville.

Pour obtenir un tel passe-port, il faut à un ouvrier travaillant pour un-patron : son livret signé par le patron pour lequel il travaille, et visé par le Commissaire de Police ou par le Maire, ou à défaut de livret, un certificat du patron constatant que vous êtes libéré de tout engagement avec lui ; ce certificat doit être visé comme le livret. — Si celui qui demande un passe-port est célibataire, il doit produire son certificat de libération du service militaire ; s'il est marié, son contrat de mariage et les actes de naissance de ses enfants.— Le mari, la femme et les enfants doivent être portés sur le même passe-port. —Ceux qui emmènent avec eux des mineurs autres que leurs enfants doivent avoir une autorisation des parents ou du tuteur. Ces autorisations doivent être écrites sur papier timbré et légalisées par le Maire de la commune où résident les parents ou le tuteur. — Le mineur ainsi autorisé sera porté sur le même passeport que celui qui l'amène.

Muni de toutes les pièces qui vous sont nécessaires, vous irez, accompagné de deux témoins patentés, chez le Commissaire de police ou à la mairie de votre pays pour vous faire délivrer un certificat sur lequel vous sera délivré un passe-port ; là, on vous dira par qui le passe-port vous sera délivré.

4° Associez-vous avec les Icariens de votre ville pour voyager en commun jusqu'à Paris ; car l'association réalise de grandes économies et de grands avantages en tous genres.

Réunissez-vous le plus souvent possible, soit dans votre ville avant de venir à Paris, soit à Paris, soit au Havre, afin de vous bien connaître et de bien vous entendre sur tout ce qni concerne le voyage.

5° Il est indispensable d'arranger toutes vos affaires de manière qu'après votre départ on n'ait plus besoin de s'en occuper. —Faites souscrire des billets à ordre payables à jour fixe, à tous vos débiteurs dont vous n'aurez pu vous faire payer.

6° Laissez au bureau Icarien, à Paris, une procuration pour qu'en toute circonstance on puisse agir en votre nom. Cette procuration doit être faite en brevet et le nom du mandataire doit rester en blanc. Pour les personnes mariées, elle doit être faite au nom du mari et de la femme.

7° Entendez-vous avec le Directeur du Bureau Icarien, sur toutes vos affaires, remettez-lui une note explicative la plus complète possible. Remettez-lui aussi tous les titres que vous aurez à faire valoir avec les renseignements nécessaires pour chacun d'eux. Donnez aussi les adresses de vos parents, de vos amis, de ceux qui vous doivent, etc.

8° A Paris, associez-vous avec les Icariens partants qui s'y trouvent, pour vous organiser, pour acheter à Paris tout ce qui s'y achète, pour voyager en commun jusqu'au Havre et ensuite jusqu'à Nauvoo.

Ne vous faites pas d'illusions ! Sachez bien que le voyage sur mer et sur fleuve, pendant plus de deux mois, occasionne des gênes, des privations, des souffrances et des périls. Ne partez que si vous vous sentez la force et le courage de tout supporter !

9° Le départ en commun est un commencement de Communauté ; c'est une épreuve, et peut-être la plus difficile ; aussi, ne saurions-nous trop vous recommander de prendre la résolution de pratiquer la fraternité, la tolérance, l'indulgence, la patience et le dévouement : car la conduite de chacun sera prise en considération, lorsqu'il s'agira de l'admission à Nauvoo.

10° Ce qui va suivre suppose que vous êtes 30 à 40 ; car il faut ce nombre pour avoir une place séparée et une cuisine particulière sur le navire, pour traiter, diriger, voyager en Société ou Communauté. Si vous n'êtes pas une trentaine, l'individualisme est presque une nécessité, et le meilleur parti à prendre alors, c'est de partir par familles ou par petits groupes de 8 à 10, se connaissant bien, et dont le caractère sympathise ensemble.

11° Quand on part un grand nombre, une Direction à laquelle chacun s'obligera à se soumettre, est absolument nécessaire dans l'intérêt de tous. — Cette direction peut être confiée à un *Comité* de 3 ou de 5 membres élus par l'assemblée générale composée de tous les hommes; l'assemblée reste maîtresse de changer la Direction, si ce changement lui paraît nécessaire.

12° Organisez-vous à Paris. — Nommez votre direction et vos commissions, signez l'engagement pour le voyage.

13° Entendez-vous sur l'apport, pour vous assurer que chacun l'a ; 2° sur la somme à mettre en caisse pour les dépenses ; 3° sur les malles à emporter; 4° sur le trousseau de chacun ; 5° sur les provisions et autres objets à emporter ; 6° sur les achats à faire au Havre et ceux à faire à Paris ; 7° sur le transport des bagages et des voyageurs de Paris au Havre ; 8° sur le séjour au Havre ; 9° sur le louage du navire, etc.

ENGAGEMENT A SIGNER A PARIS.

« Les soussignés déclarent que leur intention est de partir pour se rendre directement dans la Communauté Icarienne à Nauvoo ; qu'ils remplissent toutes les conditions exigées pour l'admission, et notamment, qu'ils ont chacun l'apport de 300 fr., indépendamment du trousseau, et de 220 fr. pour les frais du voyage du Havre à Nauvoo.

« Celui qui, après le louage du navire, renoncerait à partir, ne pourra rien réclamer pour les 220 francs qu'il aura versés dans ladite caisse.

» Celui qui, par un motif quelconque, s'arrêterait à la Nouvelle-Orléans ou à Saint-Louis, devra remettre à la Direction du voyage une lettre pour la Gérance à Nauvoo, exposant les motifs de sa conduite. — Il ne pourra rien réclamer des provisions et autres objets communs qui existeront. Il pourra seulement réclamer ses malles et sa part dans l'argent qui resterait dans la caisse commune.

» Les cit. .... sont choisis pour former un Comité qui dirigera le voyage, qui louera le navire, fera le traité pour le louage, fera tous les achats et dirigera les transports.

» Le cit.... est nommé caissier, pour tenir la caisse, payer les dépenses, tenir les écritures et dresser les comptes.

» Toutes les dépenses doivent être justifiées par des factures acquittées ou des reçus.

» Les soussignés promettent de pratiquer les principes Icariens, de suivre la Direction choisie par eux et d'exécuter les règlemens qui pourront être faits.

» Fait à Paris, le..... »

14° Il faut faire trois copies de cet engagement, en laisser une au bureau à Paris, une entre les mains du caissier et la troisième pour la Direction.

15° Il ne faut recevoir aucun individu qui aurait l'intention de s'arrêter à la Nouvelle-Orléans ou à Saint-Louis. Il y a trop d'inconvénients manifestés par l'expérience. Ceux qui veulent ainsi s'arrêter doivent partir séparément.

16° Ordinairement le voyage pour les enfants coûte autant et cause plus d'embarras que pour les grandes personnes : on devra donc verser 220 francs pour chaque enfant au-dessus d'un an.

17° Liste des partants. — Il faut dresser une liste des partants, indiquant leurs noms, prénoms, professions, âges, mariés ou célibataires, lieux de naissance, domiciles actuels, apport. — Il faut faire deux copies de cette liste, en apporter une à Nauvoo et laisser l'autre au bureau à Paris. — Il faut en faire, pour le capitaine du navire, une troisième copie contenant seulement les noms, prénoms, âges et professions.

18° Passe-ports. — Ne rien négliger pour les avoir quelques jours d'avance. Voyez ce qu'il en est dit ci-avant, paragraphe 3, page 31. Il faut les réunir tous en arrivant au Havre et les remettre entre les mains d'un membre de la Direction.

19° Objets a vendre. — Il ne faut pas compter sur les objets en nature pour faire l'apport. Il faut vendre avant de partir tout ce que vous ne pouvez conserver : les bijoux, pendules, glaces, vaisselles, mobiliers, etc. La vente de tout cela n'est ni facile, ni avantageuse en Amérique et, souvent, c'est une cause de grand embarras et de perte.

Ceux qui ont de bonnes montres en argent, de peu de valeur, peuvent les conserver.

Conservez aussi votre batterie de cuisine en cuivre et fer battu ; vos cuillères, fourchettes, couteaux et autres petits objets de ménage qui pourront vous être utile dans la Communauté.

20° Outils. — Il ne faut apporter que de bons outils, qui ne sont ni trop volumineux, ni trop lourds, avoir soin de bien les emballer, mais il n'est pas nécessaire de les mettre dans des caisses emballées au *gras*.

21° LIVRES. — Il ne faut apporter que des livres bons et utiles, qui peuvent nous manquer. Consultez pour cela le Directeur du Bureau de Paris.

22° TROUSSEAU. — Le trousseau doit être complet et en bon état. (voyez à la page 25). Il ne faut apporter aucun vêtement de luxe, ni comprendre dans le trousseau des objets vieux ou en mauvais état. — Apportez néanmoins le vieux linge, il peut être utile pour l'infirmerie.

23° MALLES. — Servez-vous des malles telles que vous les aurez; mais qu'elles ne soient ni trop grosses ni trop lourdes. — Le modèle le plus commode et que l'on avait adopté pour les premiers départs en 1848, c'est la forme carrée, de 1 mètre de long, 50 centimètres de large et 35 centimètres de haut; ceux qui seront obligés d'en acheter feront bien de les faire faire sur cette grandeur. Elles doivent être solides et fermant à clé. — N'emportez ni petites boîtes, ni cartons à chapeaux, c'est la source de beaucoup d'ennuis et d'embarras pendant le voyage.

24° MARQUES A METTRE SUR LES COLIS. — Collez sur chacun de vos colis une étiquette sur laquelle vous écrirez: votre nom, le nom de la ville où vous vous rendez directement, les deux lettres initiales C. I. et le numéro du colis.

25° INVENTAIRE. — Il faut faire un inventaire bien détaillé de ce que contient chaque malle ou colis. Il faut faire deux copies de cet inventaire, en remettre une au Bureau à Paris et conserver l'autre dans votre portefeuille — Faites cet inventaire sur une grande feuille de papier, en séparant par un trait le contenu de chaque malle, indiquée par son numéro d'ordre.

26° PRÉCAUTIONS A PRENDRE POUR NE PERDRE AUCUN COLIS. — Lorsque tous les partants seront réunis à Paris avec leurs bagages, ils dresseront une liste générale de tous les

colis, en leur donnant une seule série de numéros , en ayant
soin, toutefois, que les colis appartenant au même individu
ou a la même famille se suivent dans l'ordre des numéros.
Cette liste doit être faite suivant le modèle ci-après :

N.os des COLIS	NOMS du PROPRIÉTAIRE.	DÉTAIL des OBJETS QU'ILS CONTIENNENT.

27° TRANSPORT DES BAGAGES. — Le transport des bagages, si on ne s'y prend pas d'avance, afin de pouvoir les
expédier par la voie la moins coûteuse , occasionne des dépenses considérables, surtout pour ceux qui viennent des dé-
partements à Paris. Il est donc de toute nécessité que tous
ceux qui se préparent à partir se mettent en relation avec le
Bureau de Paris, au moins deux ou trois mois à l'avance ;
qu'ils préparent leurs malles pour les envoyer aussitôt qu'on
leur en donnera avis, et qu'ils se tiennent prêts à arriver eux-
même à l'époque qui leur sera indiquée. — Tous les bagages
doivent être réunis au Havre, au moins trois jours avant celui
fixé pour le départ du navire. — Les partants ne doivent
conserver avec eux que leur lit et du linge pour en changer.

28° TRAITÉ POUR LE NAVIRE. — Il faut envoyer au Havre
le plut tôt possible, aussitôt que l'on connaît le nombre des
partants, quelqu'un qui ait l'habitude de ces sortes d'opérations. — Il faut traiter avec le capitaine ou avec la maison du
Havre qui peut disposer du navire, et faire d'abord toutes
les conventions verbalement , puis faire un *traité écrit ,* contenant les stipulations suivantes :

Entre (le capitaine ou la maison du Havre) d'une part ,

Et N..... représentant d'une société composée de ..... personnes, d'autre part ,

Il a été convenu ce qui suit :

Art. 1ᵉʳ. — Nous , G......., nous nous engageons à transporter ou faire transporter directement, du Havre à la Nouvelle-Orléans, en Amérique, sur le navire N....., la Société représentée par L....., composée de .... individus, tant hommes que femmes et enfants, ainsi que tous leurs bagages, moyennant la somme de ..... par personne.

Les enfants au-dessous de .... ans ne paieront que ....

Art. 2 — Les membres de la Société seront placés tous ensemble sur l'*arrière* dans l'entrepont.

Art. 3. — Les cabines seront à deux places.

Art. 4. — Une longue *table* bordée de *liteaux* sera placée au milieu de l'entrepont avec des bancs des deux côtés.

Art. 5. — La Société aura un *escalier* particulier, une *cuisine* particulière et fermée, des *lieux d'aisance* particuliers et fermés.

Art. 6. — Elle recevra chaque jour un galon d'eau par personne.

Art. 7. — Elle sera éclairée par une grosse lampe.

Art. 8. — Le bagage qui ne pourra être déposé dans l'entrepont sera placé dans la cale, dans le même endroit, de manière à pouvoir en être tiré facilement quand on en aura besoin.

Art. 9. — Le nombre des membres de la Société pourra s'augmenter de 20 personnes aux mêmes conditions.

Art. 10. — Le navire partira le ..... Si le départ est retardé sans qu'on y soit contraint par les vents contraires, les membres de la Société recevront une indemnité de ..... fr. par personne et par chaque jour de retard.

Art. 11. — Tout sera prêt la veille du jour fixé pour le départ, de manière que toute la Société puisse y coucher la nuit qui précèdera ce jour.

Art. 12. — La moitié du prix convenu ci-dessus sera payé

par avance et à compte aussitôt après la signature du présent. L'autre moitié sera payée le jour ou la veille du départ. — Les membres de la Société n'auront rien à payer à la Nouvelle-Orléans ni pour droit d'hospice ni pour aucune autre cause.

Art. 13. — Nous nous engageons à faire signer le présent par le capitaine, et de part et d'autre à faire exécuter toutes les conditions ci-dessus mentionnées.

Fait double au Havre, le.....

C'est le double signé par le capitaine qui sera remis à la Société.

Si les partants ne sont pas au nombre de 30 à 40, il est probable qu'ils ne pourront pas obtenir un pareil traité ; et alors, ils seront pêle-mêle avec les autres passagers, sans cuisine particulière, etc..

Il y a des navires sur lesquels on ne peut obtenir aucune réduction de prix pour les enfants.

Il y a des capitaines qui ne veulent pas signer le traité. Alors, on ne peut guère insister. On est d'ailleurs généralement à la discrétion du capitaine pendant le voyage. L'essentiel est d'avoir dans la Société un membre prudent qui puisse parler avec lui ; car il ne parle ordinairement que l'anglais. L'essentiel est aussi de gagner sa bienveillance par une conduite digne, sage et ferme.

On ne voudra peut-être pas mettre de liteaux au bord de la table. On peut ne pas insister, c'est peu de chose, on les mettra soi-même et on arrangera la table pour que le roulis ne renverse pas ce qui sera dessus.

Si l'on ne peut obtenir des bancs des deux côtés de la table, on pourra y suppléer par les malles. D'ailleurs on peut être souvent obligé de manger debout.

Les planches mobiles entre les lits dans les cabines ne sont pas absolument nécessaires. Beaucoup préfèrent n'en pas avoir. Si on en a on peut s'en servir pour autre chose qui paraîtra plus utile.

29° Provisions pour une personne et pour 70 jours. — Les traversées ordinaires du Havre à la Nouvelle-Orléans sont de 40 à 55 jours, mais la prudence, aussi bien que les règlements de la marine, veulent que chaque passager embarque pour 70 jours de vivres. Voici à peu près la nature des vivres, et la quantité que tous les Icariens ont emportés jusqu'à ce jour :

Biscuit	20 livres.	Endaubage	1 livre.
Croûtes	15 »	Porc salé	4 »
Pain frais	1 »	Bœuf frais	1 »
Farine	1 »	Beurre salé	2 » 1/2
Riz	5 »	id. fondu	2 » 1/2
Vermicelle	1 »	Pommes de terre	1 hectol.
Macaroni	1 »	Ognons	1 décal.
Julienne	1 »	Carottes et Navets	1 »
Pruneaux	5 »	Haricots	1 litre,
Fromage gruyère	1 »	OEufs	1/2 douz.
id. hollande	1 »	Cornichons	1/2 livre.
Café brûlé	1 »	Thym, Laurier, Girofle, Poivre en grain, Ail, Canelle et Citrons, ensemb. pour	75 cent.
Thé (pour 10 personnes)	1/2 »		
Sucre	4 »		
Sel gris	2 » 1/2	Choux et Poireaux pour	30 »
Huile d'olive	1 »		
Sardines	1 boîte.	Vin de Bordeaux	18 litres.
Jambon	5 livres.	Vinaigre	2 «

Voilà les seuls aliments que nous croyons convenables ; tout le reste est inutile et a beaucoup plus d'inconvénients que d'avantages, sans compter le surcroît de dépenses.

La quantité de vivres étant indiquée pour chaque personne, il faudra multiplier autant de fois les quantités qu'il y aura de partants.

Il est nécessaire que chacun prenne l'engagement de n'emporter aucune provision particulière. Il faut pratiquer tout de suite l'Égalité et la Fraternité.

Point de liqueur, si ce n'est comme médicament, en petite quantité, comme il sera dit à l'article pharmacie.

POINT DE TABAC, c'est une condition pour l'admission à Nauvoo. Celui qui en aurait l'habitude et qui partirait avec la résolution de s'en débarrasser pendant le voyage aurait soin de faire sa provision pour lui.

30° LIEUX D'ACHAT ET PRÉCAUTIONS. — Acheter à Paris, le thé, pruneaux, confitures, fromage, tout le reste au Havre. Le vin, le sel, le sucre et le café à l'Entrepôt, où ces objets coûtent moins cher.

Il faut acheter la viande et le pain chez le boucher et le boulanger.

Le reste chez un marchand qui tient et vend toutes les provisions pour les navires.

Il est indispensable de surveiller avec le plus grand soin la livraison et l'encaissement des vivres, d'en vérifier le poids et la qualité, exiger que tout soit livré en même temps dans l'entrepont du navire, à la place occupée par la Société.

Il faut charger plusieurs partants de surveiller l'embarquement et la réception dans l'entre-pont.

Il ne faut pas oublier de prendre des factures pour tout ce qu'on achète et les faire acquitter.

31° USTENSILES DE CUISINE EN FER BATTU ET OBJETS DIVERS. — La quantité et la grandeur des ustensiles indiqués ci-après sont calculés pour un départ de 40 personnes. Il faudrait, par conséquent, diminuer ou augmenter les nombres et les grandeurs suivant que les partants seraient plus ou moins de quarante :

1 Marmite pour soupe et ragoût de 40 litres.	6	Plats pour 10 personnes.
1 Marmite pour soupe et ragoût de 25 litres.	5	Cuillères à potage.
	2	Grandes cuillères.
1 Marmite pour soupe et ragoût de 10 litres.	2	Couteaux à découper.
	50	Gobelets.
	60	Assiettes.
1 Casserole de 8 litres.	60	Cuillères.
1 Idem de 3 litres.	60	Fourchettes.
6 Soupières de 10 litres.	5	Cafetières.

1 Moulin à café.
1 Idem à poivre.
15 Grandes dames jeannes.
10 Petites, idem.
1 Pelle à feu et une pincette.
1 Soufflet.
1 Couperet.
1 Hache.
1 Scie.
1 Marteau.
1 Tenaille.
3 Seaux en zinc de 10 à 12 lit.
2 Lampes marines.
1 Grosse de mèches.

15 Kilos huile à brûler.
Allumettes soufrées.
1/2 Kil. Amadou.
2 Briquets.
30 Cuvettes.
45 Vases de nuit.
4 Balais.
20 Kilos de pointes de 15 à 21 lignes.
6 Eponges.
3 Grosses de crochets à vis.
1 Vilebrequin.
Robinets à clé.
30 livres savon de palmes.

32° PHARMACIE. — Une boîte-pharmacie comme elle est indiquée dans le *Manuel* de Raspall. Emportez un ou deux exemplaires de ce *Manuel*.

Il faut conserver avec soin tous ces objets, ils sont utiles, même à Nauvoo.

On fera deux baquets en sciant la première feuillette vide.

33° AMARRAGE. — Il faut placer tout ce qu'on peut dans l'entrepont, et surtout les malles contenant les trousseaux, et tous les objets dont on aurait besoin tout de suite — Amarer les malles avec des liteaux cloués devant pour les empêcher de rouler pendant le roulis. — On emploie aussi les cordes des matelas pour attacher les malles.

34° INVENTAIRE DES PROVISIONS. — Faites la liste de toutes les caisses de provision. Numérotez-les comme vous avez fait pour vos bagages, en ayant soin d'indiquer tout ce que contient chaque numéro. — Quand une caisse est vide il faut l'indiquer en marge du numéro sur la liste.

35° COMPTE GÉNÉRAL. — Le Caissier doit réunir, tout de suite, en partant, toutes les factures, faire le compte général de la dépense, vérifier l'argent qui doit rester et qui reste effectivement en caisse, faire approuver et signer ce compte.

36° PROPRETÉ. — Elle est indispensable comme hygiène ; les femmes doivent l'entretenir de leur côté et les hommes du leur. — Chaque personne doit éviter tout ce qui peut contrarier ou blesser les autres.

Les hommes doivent être placés d'un côté du navire et les femmes de l'autre avec les enfants. — Si une femme a besoin de soins, ils doivent être donnés par une autre femme.

Il ne faut point embarquer de femmes prêtes d'accoucher, il y a trop d'inconvénients de toute espèce et de dangers même.

Il faut laver le moins possible le linge.

On prévient que l'eau de mer tache le linge et les effets.

37° POINT D'ANIMAUX. — N'embarquez ni chien, ni chat, ni oiseaux. Il faudrait payer ; c'est malpropre, c'est gênant pour l'équipage qui souvent les jette à la mer.

38° VÊTEMENTS POUR LE VOYAGE. — On peut consacrer au voyage tous ses vieux habits, et consulter la saison pour se vêtir chaudement ou légèrement. La blouse et le bourgeron sont commodes, la casquette et les chaussons sont la coiffure et la chaussure les plus convenables à bord du navire. — Les sabots y sont dangereux.

39° CUISINE. — Il faut demander quels sont ceux qui savent faire la cuisine et les en charger. — Il est nécessaire que plusieurs s'en occupent sous la direction d'un seul. — La plus grande propreté doit régner dans tout le service de la cuisine et de la table.

40° TRAVAUX A BORD. — Il n'est guère possible ordinairement de faire d'autres travaux que des raccommodages, du tricot, etc. Il faut faire que la lecture en commun ou en particulier, le travail de propreté, de cuisine, de table et de tout le service intérieur occupe habituellement tout le monde.

42° RÈGLEMENT. On fera un règlement pour les heures de lever et de coucher, le nombre de repas, leur composition. — Il est bien que tous se couchent et se lèvent à la même heure, et que personne, aucune femme surtout, ne reste sur le pont quand la masse est dans les cabines à l'entrepont. — Il est bien aussi que l'heure des repas soit convenue et réglée d'accord. — On peut servir le matin, au lever, le restant de la veille, ou quelques aliments froids,— L'heure la plus convenable pour le déjeuner est entre 10 et 11 heures, et pour le dîner entre 3 et 4 heures.

42° CONDUITE ENVERS LES AUTRES PASSAGERS. — Il faut leur montrer de la bienveillance et tâcher d'attirer leur estime et leur sympathie, mais éviter toute intimité et ne pas les introduire dans le logement de la société. — Agir de même avec les matelots, les officiers et le capitaine. Il faut tout faire pour être en bons rapports avec eux, mais aussi éviter toute liaison ; l'essentiel, pour chaque partant, doit être d'abord l'intimité et la fraternité envers ses frères Icariens.

Si l'on a quelque discussion, quelque contrariété, il faut avoir le courage de tout sacrifier à l'intérêt de la Communauté. — Il ne faut pas oublier que le mal de mer change beaucoup les voyageurs et les dispose à de la mauvaise humeur.

43° PRÉCAUTIONS ESSENTIELLES. — En entrant dans le golfe du Mexique, il faut tâcher d'obtenir du gardien de la cale ou du capitaine qu'il laisse retirer de la cale tout ce qui s'y trouve, et le placer dans l'entrepont, de manière que les agents de la douane, qui se présentent quelquefois dès l'entrée dans le Mississipi, puissent tout visiter sans qu'on soit obligé d'attendre ou d'aller à la Douane. Cette précaution est de la dernière importance ; faute de la prendre, on peut être retenu plusieurs jours à la Nouvelle-Orléans, ce qui occasionne des frais et des inconvénients énormes.

Il ne faut point emporter de marchandises neuves pour être vendues, parce que cela cause trop d'embarras. — Si par hasard on en emporte, il faut les déclarer à la Douane, et préparer la somme nécessaire pour payer les droits, autrement on s'exposerait à être découvert, saisi, condamné à l'amende, retardé, entravé, en compromettant toute la Société, et en l'exposant à de très grands inconvénients.

S'il y a des objets destinés à la consommation de la Société à Nauvoo, il ne faut pas les mettre ensemble dans une même caisse, parce que la Douane pourrait prétendre qu'ils sont destinés au commerce et qu'ils doivent payer le droit. Il faut les disséminer dans les malles de ceux qui doivent certainement venir à Nauvoo, en prenant la note de ce qu'on remet à chacun.

En arrivant à la Nouvelle-Orléans, il y a un droit de 7 fr. 50 c. par personne à payer à l'hospice ; mais cette somme doit être payée par le capitaine sur le prix qu'il a reçu pour le passage ; les passagers n'ont rien à payer ni pour cela ni pour autre chose,

Les Icariens feront bien de ne pas quitter le navire. Tous les voyageurs ont le droit d'y coucher trois nuits. Mais le Directeur du départ ira de suite chez le correspondant.

44° Voyage sur le Mississipi. — Il faut bien faire les conventions avec le capitaine à la Nouvelle-Orléans, pour le prix des places à l'entrepont, pour le prix des bagages. Il faut tâcher de ne sien payer ou de traiter pour les bagages en masse, sans les peser, pour une somme totale de ..... S'il ne veut pas, il faut faire peser lors de l'embarquement, pour que le pesage ne retarde pas ensuite et ne fasse pas de difficultés.

Il faut obtenir, surtout, que le bateau vienne se placer à côté du navire, pour que le bagage puisse être *transbordé*, c'est-à-dire transporté directement du navire sur le bateau, sans être d'abord débarqué sur terre, afin d'éviter beaucoup de frais.

Si l'on manque de vivres, on peut prendre à la Nouvelle-Orléans ceux dont on a besoin, surtout du pain frais et de la viande fraîche, en conservant d'ailleurs tout ce qui reste.

Il en sera de même à *Saint-Louis*, où l'on prendra un nouveau bateau pour Nauvoo.

Il ne faut pas manquer d'écrire à Nauvoo et à Paris, tout en arrivant à la Nouvelle-Orléans et à Saint-Louis. Le Directeur du départ devra aussi aller à la poste restante dans ces deux villes, pour prendre les lettres qui pourraient lui avoir été adressées.

Les vols sont très fréquents sur les navires et sur les bateaux, prenez bien garde, nommez une commission pour surveiller les bagages.

Nous le répétons en terminant, tout ce qui précède n'est que *conseils*.

Aussitôt que la Communauté le pourra, elle organisera des départs officiels; elle aura *des navires*, ou traitera pour envoyer des navires qui ne prendront pas d'autres passagers que les siens. Elle enverra même *ses agens*, qui parleront l'anglais et qui auront l'expérience des voyages, pour tout diriger sous leur responsabilité; mais aujourd'hui elle ne peut que donner des conseils suggérés par la pratique et l'expérience.

EXTRAIT

DU JOURNAL DE VOYAGE

DU

DÉPART DE SEPTEMBRE 1854.

J'aurais voulu faire connaître ce journal du dernier départ dans son entier; mais je suis obligé de me borner aux passages les plus essentiels et qui peuvent être utiles aux départs qui suivront :

Le 1ᵉʳ septembre 1854, nous partons du Havre vers quatre heures du soir, sur le trois-mats américain l'*Ashland*, du port de 1,000 tonneaux, commandé par le capitaine Stone.

Le moment du départ est venu, et, au milieu de l'émotion qui gagne tous les cœurs, nous échangeons des embrassades, des souhaits, des espérances avec de fervents amis que leurs affaires retiennent encore en France, et que nous allons précéder sur la terre de la Fraternité.

Déjà le navire, détaché du quai, s'apprête à sortir du bassin. Un vent favorable et un temps magnifique nous promettent, dès la sortie du port, une heureuse et rapide navigation. La Commission du départ fait exécuter les dernières dispositions à prendre. Les partants, pour faciliter les manœuvres de l'équipage, descendent dans l'entrepont où ils oublient, dans des propos et des chants joyeux, les fatigues de l'embarquement et les émotions de la séparation.

Tous semblent animés des meilleures dispositions. Nul sacrifice ne leur a coûté; nulle crainte ne les effraie, leur courage est à la hauteur de leur situation.

Les voiles tendues, nous nous empressons de nous rendre sur le pont, où nous contemplons avec avidité le spectacle qui s'offre à nos yeux. Nous voilà hors du port ; le vent enfle nos voiles ; le navire gagne rapidement la pleine mer. La terre semble fuir devant nous. Nous distinguons toujours de moins en moins la jetée et la foule qui y stationne ; la ville du Havre et les hauteurs qui la dominent, et les rives de France que nous saluons pour la dernière fois.

Mais, si nous jouissons des bienfaits d'une bonne navigation, nous souffrons aussi des inconvénients qu'elle entraîne après elle. Un vent violent, un fort roulis, nous soumettent à l'épreuve du mal de mer. Après une heure de navigation, il se manifeste parmi nous d'une manière à peu près générale. Les rares citoyens qu'il épargne se multiplient dans les soins qu'ils donnent aux malades, et préludent, avec un dévouement digne d'éloges, à l'accomplissement des devoirs sacrés que nos principes nous imposent.

2 septembre. — La santé de plusieurs de nos malades paraît rétablie définitivement ; celle de la plupart des autres est améliorée. — Nous débarrassons l'entrepont de la plupart de nos bagages que nous réunissons dans la cale, où il nous sera permis d'aller faire nos provisions deux ou trois fois par semaine,

Tout le jour, le vent, quoique favorable, reste faible. Au soleil couchant, nous apercevons les côtes d'Angleterre, et à la nuit, les phares qui en éclairent les abords,

3 septembre. — D'heureuses circonstances : une mer moins agitée, un bon temps, un bon air, une nuit tranquille, des soins et des médicaments ménagés avec à-propos, concourent à guérir nos malades.

Néanmoins, une huitaine de nos frères ou sœurs, moins heureux que les autres, restent encore atteints du mal de mer.

Cependant le *reglement de bord*, rédigé, affiché et lu par le Président, est adopté par le départ d'un commun accord. Ce règlement, reconnu utile et indispensable, fixe l'heure du lever, du coucher, du repas, de la lecture et du temps libre. Il indique les dispositions à prendre pour maintenir à bord, l'ordre, la propreté et la décence. Il rappelle les grands égards que l'on doit avoir pour les femmes et les enfants, les soins empressés que l'on doit témoigner aux malades, et l'accord fraternel qui doit régner entre tous les membres de la famille.

De plus, les travaux de bord s'organisent indépendamment des occupations privées, auxquelles chacun se livre en son particulier ; quatre hommes et deux femmes sont désignés tour à tour pour exécuter les travaux à faire, cuisine, service de jour, garde de nuit, balayage, lavage, vaisselle, etc. — Les hommes font les corvées les plus pénibles, et notamment la cuisine. On s'attache autant que possible à mettre les forces et les aptitudes de chacun en rapport avec les divers besoins qu'un tel voyage peut créer.

4 septembre. — Nous prenons une détermination importante. Le correspondant de Paris nous avait organisés en demi-communauté, ou en sections, pour les vivres et la nourriture. Les 51 partants formaient 4 sections de 12 à 13 personnes chacune.

Chaque section avait, avant le départ, fait ses provisions séparément ; chacune devait, durant la traversée, faire sa cuisine et prendre ses repas en particulier. Indépendamment de cette division, chaque partant avait reçu l'autorisation d'emporter des provisions privées, pour les consommer en particulier ou en famille, selon ses besoins, ses goûts ou sa fantaisie.

Cette organisation, en demi-communauté, était le résultat de l'expérience acquise par les départs antérieurs. A la manière dont ceux-ci avaient été organisés, et dont ils s'étaient effectués, on avait cru reconnaître, d'un côté, qu'un voyage de 3,000 lieues, à travers l'Océan et sur un fleuve, à bord de navires et de steamboats, créait une situation gênante, difficile, critique, exceptionnelle ; que, d'un autre côté, les partants, régénérés par la Doctrine Icarienne, très bons Icariens au fond, pouvaient, néanmoins, au sortir du vieux monde, avoir encore, en partie, les habitudes extérieures, les goûts même et le tempérament qu'ils tenaient de la vieille société ; et qu'ainsi, en faisant faire l'épreuve du communisme à des hommes sans expérience, et dans des circonstances si rigoureuses, c'était ajouter une nouvelle difficulté à toutes les difficultés qui existaient déjà, c'était occasionner des désordres et des divisions, compromettre le voyage, et dégoûter de la Communauté ceux qui se dévouaient pour elle. Le meilleur moyen d'éviter tous ces graves inconvénients, était de laisser à chacun, autant que possible, et seulement durant la traversée, la faculté de satisfaire ses goûts particuliers et de se conformer à ses habitudes domestiques ; de faire pour cela plusieurs achats, plusieurs cuisines et plusieurs repas ; c'est-à-dire d'organiser le départ en sections ou en demi-communauté, en attendant l'arrivée des partants en Icarie, où ils appliqueraient notre système dans toute sa féconde intégrité.

Cependant plus d'un désir avait été exprimé par nous, avant le départ, pour que la Communauté fût appliquée intégralement durant le voyage. Mais l'exemple de nos aînés, l'autorité du correspondant de Paris, les motifs allégués en faveur du partage en sections, motifs que nous venons de faire connaître en substance, tout cela nous détermina à l'adoption de ce partage, que d'ailleurs on nous conseillait de bonne foi et dans notre intérêt. En conséquence, nous partons dans l'intention d'accomplir notre voyage, d'après ce système de demi-communauté.

Au début de notre traversée, le mal de mer sévit parmi nous généralement, et au milieu du désordre, de la gêne et de mille obstacles matériels. Pour triompher de ces obstacles, nous n'avons qu'un moyen : la pratique de la Fraternité ! Aussi nous nous sacrifions et nous nous dévouons les uns pour les autres et en commun ; les soins sont donnés par tous les bien portants à tous les malades indistinctement et en commun ; les remèdes publics et privés, les provisions des sections et particulières se distribuent en commun ; les repas se prennent en commun ; la cuisine se fait en commun ; les travaux se font en commun. Durant ces jours d'épreuve, tout est en commun parmi nous. Par suite, nous nous demandons s'il ne serait pas plus avantageux d'adopter la vie commune, et de la pratiquer d'une manière complète comme nous l'avons fait depuis le départ. Nous nous livrons à un profond examen de la question.

Nous savons en théorie, et nous voyons par expérience que la Communauté est un immense bienfait, et qu'elle réalise de grandes économies de temps, de peines et de dépenses de toute espèce, en général pour tous et toujours, dans les circonstances ordinaires comme, et surtout, dans les situations exceptionnelles, telles que notre voyage. Si les voyages antérieurs ne se sont pas opérés parfaitement, ce n'est pas parce que les partants voyageaient en pleine communauté, c'est au contraire parce que, quoique en communauté de vivres, ils n'appliquaient pas la communauté dans sa plénitude, dans tous ses détails et jusque dans ses dernières conséquences, comme abandon de toutes choses, pratique de la Fraternité, organisation démocratique. — D'ailleurs, le progrès en tout, est une règle surtout pour des Icariens. — Les départs doivent s'effectuer en se comportant toujours de mieux en mieux ; et nous pouvons faire même ce que nos devanciers n'ont pu faire, de même que nos successeurs, ayant de plus que nous notre propre expérience, pourront accomplir leur voyage d'une manière encore plus satisfaisante.

Déterminés par ces motifs, nous revenons sur notre organisation antérieure, nous faisons disparaître le partage en quatre sections que nous fondons en une seule, et nous adoptons librement et spontanément la vie commune.

5 et 6 septembre. — Nous naviguons en plein Océan. Le temps se maintient beau.

Le navire L'*Ashland* porte 200 passagers environ. Les Icariens, au nombre de 51, occupent sur l'arrière le tiers de l'entrepont, et sont séparés du reste des passagers par une grille en planches. Les femmes sont d'un côté et les hommes de l'autre, dans des cabines à deux places. Des rideaux, qui s'étendent le long de chaque côté, permettent à tout le monde de se conformer aux prescriptions de la toilette et de la propreté, tout en respectant celles de la décence.

Si, dans l'entrepont, nous sommes séparés du reste des passagers, il n'en est pas de même sur le pont, où tout le monde jouit et use du droit de circuler librement. Mais là, où il n'y a pas de barrière matérielle, il existe une barrière morale, dans la différence des idées qui poussent les autres passagers vers l'Amérique.

Cependant, la mise en pratique de notre belle doctrine nous attirera immanquablement, et nous attire déjà le respect, l'estime et même la sympathie des émigrants.

Mais l'essentiel, pour chaque partant, doit être l'intimité et la fraternité envers ses frères Icariens. Quant aux personnes qui sont à bord, passagers et équipage, nous aurons avec elles les seules relations que la nécessité et l'intérêt de notre cause nous commanderont. Vivre convenablement avec tout le monde, ne vivre trop familièrement avec personne, telle est la ligne de conduite à laquelle chacun de nous est disposé à se conformer.

7 et 8 septembre. — Calme presque complet. La santé de nos malades se rétablit.

Comme nos enfants ne font pas de corvées, et que l'oisiveté est partout, et surtout à bord, la cause de beaucoup d'ennuis, et beaucoup de désordres, un professeur de chant, qui se trouve parmi nous, leur donne aux heures de temps libre des leçons de musique vocale. Nos citoyennes prennent part à leurs exercices. Ces leçons de chant réalisent les désirs de la Colonie, que le départ prend pour modèle, et qui veut que la jeunesse reçoive une éducation aussi agréable qu'utile.

9 septembre. Nous atteignons la hauteur du nord du Portugal, entre le 40° et le 41° de latitude nord. — Cette latitude est celle de Nauvoo, et celle de l'établissement de la Colonie Icarienne dans l'Iowa. Le temps est superbe.

10 et 11 septembre. — Nos malades, mieux naguère, ne vont pas aussi bien depuis hier. Leur rétablissement s'est ralenti par l'effet d'une mer trop agitée.

12 et 13 septembre. — L'exécution du règlement semble produire des merveilles. Occupations diverses, travaux particuliers. services généraux, tout marche avec ensemble.

La meilleure entente règne parmi nous. — Nous nous sacrifions, et nous nous dévouons réciproquement les uns pour les autres, et surtout pour nos malades que le mal de mer tient encore, et qu'une houle très prononcée empêche aujourd'hui d'aller mieux.

Ils sont encore au nombre de sept. — Notre dévouement ne se borne pas à nous seuls. Persuadés que tous les hommes sont nos frères, nous l'étendons jusqu'aux malheureux passagers que nous pouvons soulager. Entre autres, une femme allemande voyait dépérir son nourrisson, sans pouvoir ni savoir lui apporter d'autres secours que son affection maternelle. A cette nouvelle, un de nos frères entoure de soins cette innocente créature, calme ses souffrances, et ramène le sourire sur ses lèvres déjà flétries par le froid glacial de la mort.

Cette conduite humaine, charitable, fraternelle, de laquelle nous ne devons jamais nous écarter, nous attire l'estime, la sympathie et même l'affection de la presque totalité des personnes qui sont à bord.

14 et 15 septembre. — Temps fort beau, vent assez bon, marche rapide.

16 septembre. — La beauté du temps, une mer assez tranquille, une brise agréable qui rafraîchit la température, la grande amélioration qu'éprouve la santé de nos derniers malades, l'harmonie fraternelle qui nous unit chaque jour davantage, tout concourt aujourd'hui à nous faire oublier les peines de toutes espèces qu'engendre un long voyage et à faire de ce jour un jour de félicité, modèle de l'existence heureuse que coulera l'homme au sein de la Communauté.

17 septembre. — A mesure que nous avançons vers les régions des tropiques, et que les chaleurs augmentent en conséquence, nous redoublons de soins pour maintenir à bord la plus grande propreté. La manière dont nous la pratiquons, nous a déjà valu d'être complimentés par le second.

18, 19, 20 et 21 septembre. — Le calme qui se maintient depuis quelques jours, nous menaçant d'une longue traversée, est cause que l'équipage nous distribue l'eau d'une manière plus avare, tandis que les chaleurs qui se font vivement sentir, et qui nous altèrent, nous en feraient faire une plus grande consommation. En attendant que notre marche reprenne sa vitesse, nous sommes forcés de nous rationner.

22 septembre.— L'organisation de notre Commission du Hâvre avait été assez irrégulière ; elle était formée des chefs de section, nommés chacun par la sienne, et nullement par tous les citoyens ; elle se composait de quatre membres, les citoyens Roiné père, Leroy, Reichardt et Vaudran, et non de trois ou de cinq, ou de tout autre nombre impair ; elle n'avait pas de secrétaire ; le président avait été nommé irrégulièrement ; de plus, les pouvoirs de cette commission étaient très mal définis.

Malgré cela, la Commission fonctionna d'une manière satisfaisante dans les préparatifs du départ, sous les yeux et l'impulsion du correspondant de Paris.

Une fois en mer, une extrême confusion s'introduit parmi nous à la faveur des obstacles de toute espèce que nous devions rencontrer à la sortie du Vieux-Monde, et au début de notre traversée. Le règlement est rédigé et des mesures salutaires sont prises pour mettre fin à cet état de choses et pour ramener l'ordre.

Mais, si la Commission a su prendre des mesures, elle ne s'est pas assez préoccupée du soin de les faire observer. Cela s'explique fort bien ; le citoyen Leroy avait le mal de mer depuis le départ ; le citoyen Vaudran soignait sa femme malade et nourrice ; le citoyen Reichardt faisait la cuisine ; le citoyen Roiné surveillait et distribuait les vivres. Livrés à ces occupations étrangères à leurs fonctions ou accessoires, les membres de la Commission ne se réunissaient pas, ne délibéraient pas, ne prenaient pas l'initiative, et laissaient aller le départ au gré des obstacles qu'il rencontrait à chaque moment, et qui le faisaient dévier du véritable chemin.

Cependant plusieurs choses suppléèrent, au moins pour quelque temps, à l'inactivité de la Commission, savoir : l'impulsion donnée par le Règlement, l'idée que chacun avait de son devoir, la mise en communauté des vivres, et ce sentiment qui porte l'homme à se montrer plus obligeant et à mieux contenir ses défauts en présence de ceux qu'il ne fréquente que depuis peu. Grâce à cela, le Règlement était exécuté, et son exécution produisait des résultats satisfaisants. Mais enfin, ces derniers jours, ces motifs deviennent impuissants. Toujours point d'activité, point d'initiative de la part de la Commission. Celle-ci manquant d'impulsion, chacun se croit autorisé à la donner. Tout le monde commandant, chacun se croit dispensé d'obéir.

Une des irrégularités les plus manifestes de la Commission, c'est qu'elle se compose de quatre membres. En effet, ce nombre pair de directeurs est très mal calculé. Car la majorité sera impossible parmi eux, toutes les fois que deux membres seront d'un avis, et les deux autres membres d'un avis opposé, ce qui peut très bien arriver. Dans ce cas, il est clair que la marche de la Commission sera embarrassée.

On met en avant l'exclusion du sein de la Commission du citoyen Vaudran, qui n'apporte autre chose que de l'indifférence et de l'imprévoyance dans l'exercice de ses fonctions ; mais on préfère le ramener en lui faisant entendre la voix de l'honneur et le langage de l'amitié. Le citoyen Leroy offre sa démission qu'il retire bientôt, lorsque ses amis lui représentent qu'elle serait plus nuisible qu'utile à l'intérêt commun. On s'arrête à la proposition de faire nommer un cinquième membre. L'Assemblée convoquée adopte la proposition d'ajouter un cinquième membre aux quatre qui composent la Commission. Elle nomme à l'unanimité le citoyen Mercadier pour remplir les fonctions de secrétaire.

23 septembre. — Nous dépassons le tropique nord par le 28° de longitude-ouest. Depuis hier nous sommes dans la région des vents alisés, qui soufflent constamment de l'est à l'ouest, c'est-à-dire dans la direction que nous allons suivre bientôt.

24 septembre. — Si la plupart de nos co-voyageurs nous témoignent toujours la même sympathie, quelques-uns d'entre eux, quoique en très petit nombre, se montrent hostiles à notre égard.

Parmi ces derniers, il en est un qui s'acharne à nous attaquer d'une manière particulière. C'est un Français, un Parisien, un homme ayant beaucoup voyagé, un beau diseur ayant des notions étendues quoique superficielles, parlant plusieurs langues, et discutant sur tout point.

Ses actes ne tendent qu'à nous susciter des désagréments de toute espèce ; à nous nuire dans l'esprit des autres passagers ou de l'équipage, et à faire naître parmi nous le trouble et la dissidence.

Ses manœuvres ont même un commencement de succès.

25 septembre. — Un de nos cinq directeurs, le cit. Vaudran, est exclu du sein de la Commission, et est remplacé dans ces fonctions par le cit. Gerbet. La proposition de son exclusion est faite par la Commission; après avoir pris tous les ménagements que conseillaient la prudence et la fraternité, et persuadée que toutes les considérations particulières doivent s'effacer en présence de l'intérêt commun, l'Assemblée générale juge, par dix voix contre cinq, qu'il y va de son intérêt de prendre cette mesure sévère à l'égard du cit. Vaudran, qui s'est conduit jusqu'ici en gérant peu sérieux, peu discret, peu soumis à la loi, et qui surtout entretient, de concert avec sa femme, des rapports continuels avec le *Français* dont il a été question hier. Le vote de l'Assemblée ne préjuge pas la question de savoir si le membre est ou n'est pas bon citoyen, sera ou ne sera pas bon Icarien; il reconnaît uniquement que sa plus longue présence aux affaires compromettrait tout le départ.

26 septembre.—LaCommission, poursuivant les réformes qu'elle a entreprises, donne sa démission, par cette considération que, la plupart de ses membres ayant été nommés chacun par sa section et non par tous les citoyens, leur élection est illégitime, surtout à partir du jour où les quatre sections avaient été fondues en une seule. Cette démission est regardée comme nécessaire et adoptée unanimement.

Il importe de déterminer d'une manière claire, fixe et invariable les pouvoirs dont sera investie la nouvelle commission.

Notre nouvelle Constitution repose sur cette base démocratique : La Société, composée de tous les citoyens, est seule souveraine. La Commission est spécialement chargée de l'initiative. Celle-ci est le guide, l'intelligence ; celle-là est la volonté. Tout le monde déposera ses plaintes dans le sein de la Commission. Elle ne devra avoir aucun secret pour l'Assemblée, si ce n'est temporairement, et après avoir obtenu un vote de confiance, il y aura un président chargé de l'Assemblée, et un secrétaire chargé de la rédaction des procès-verbaux et des événements survenus durant la traversée ; ils seront lus par le secrétaire, modifiés s'il y a lieu, adoptés et signés par tous les citoyens ou du moins par la majorité.

Les Assemblées auront lieu au moins tous les trois jours. Au dedans, nul discussion ne doit entraîner à des questions personnelles. Au dehors, personne ne doit parler des délibérations de la Société de manière que les étrangers en aient connaissance.

Les pouvoirs de la Commission ayant été établis de la sorte, on procède à la nomination des cinq membres qui doivent la composer. Les cinq ex-directeurs, les cit. Gerbet, Leroy, Mercadier, Reichardt et Roiné sont tous réélus à la presque unanimité.

La Commission compose son bureau. — Elle nomme le cit. Roiné président, et le cit. Mercadier secrétaire. Ils seront à la fois président et secrétaire de la Commission, de l'Assemblée et du départ.

27, 28 et 29 septembre. — L'Assemblée réforme l'ensemble des travaux de bord, parmi lesquels s'est établi un grand relâchement, et qui d'ailleurs ne sont plus du tout en rapport avec le nouvel ordre de choses.

30 septembre. — Une revue générale de nos provisions de bouche constate que nous en avons d'assez grandes quantités. Ainsi, nous n'avons pas à redouter la famine. Il s'agit seulement d'en avoir soin, et de les consommer sobrement et en conciliant nos besoins avec les cas imprévus que la traversée peut faire naître.

1er et 2 octobre. — Les comptes des provisions faits avant-hier, les travaux auxquels nous nous livrons aujourd'hui pour les trier et les préserver de la pourriture, les rapports des cuisiniers et des hommes de corvée constatent certains gaspillages de vivres.

L'Assemblée, saisie de la question, convaincue que les Icariens doivent pratiquer dans toute circonstance l'ordre, la sobriété, la tempérance, arrête à une grande majorité, et après avoir consulté les femmes : 1° que l'on continuera à faire trois repas par jour ; 2° qu'il sera défendu de manger entre ces repas autre chose que du biscuit ou des croûtes. Quant à la boisson, on n'en délivrera que dans les limites si restreintes à bord. Les malades et les nourrices sont mis en dehors de la question, attendu que rien ne doit être regretté pour nos sœurs qui ont besoin et pour nos frères qui souffrent.

3, 4 et 5 octobre. — Révision et règlement définitif de tous les comptes particuliers , soit entre les membres de chaque section, soit entre les diverses personnes qui avaient eu des affaires entre elles.

6 et 7 octobre. — Les opérations en règlement des comptes, faites ces jours derniers, nous ont appris que plusieurs d'entre nous n'avaient pas tout l'argent nécessaire pour aller de la Nouvelle-Orléans à Nauvoo. Cette circonstance peut compromettre leur voyage, leur avenir, leur existence même. Comment sortiront-ils de cet embaras ? Comment combler cette lacune ? L'application de nos principes nous en fournit les moyens. Ceux qui ont un excédant d'apport ou de voyage proposent , et l'Assemblée adopte , de venir , par un don fraternel, au secours de leurs frères dont la bourse ne répond pas au courage et au dévouement à la sainte cause d'Icarie.

8 octobre. —Nos malades du mal de mer sont beaucoup mieux depuis une huitaine de jours. Leur mal n'est plus qu'une indisposition facile à supporter et qui ne devient pénible qu'avec les grosses mers.

9 octobre. — Les vents alizés tombent; sous leur souffle favorable, nous venons de marcher pendant une quinzaine avec une vitesse assez grande, maintenant nous louvoyons.

10 octobre.—Un accident arrive à une femme allemande, deux autres sont atteintes de graves maladies. Nous ne manquons pas

d'envoyer auprès d'elles un de nos cit. qui, aidé de sa femme, leur prodigue des secours de l'art, et qui remplissent auprès d'elles et avec autant de dévouement que d'intelligence les divers rôles de pharmacien, de médecin et d'infirmier.

Du 11 au 15 octobre. — Rien de remarquable. Nous passons près des îles Saint-Domingue et de Cuba.

16 octobre. — L'Assemblée qui ne manque pas de se réunir fréquemment, a pris ces jours derniers diverses dispositions d'intérêt général. Après s'être préoccupée de ce qui pourra intéresser la santé publique dans le séjour que nous ferons à la Nouvelle-Orléans elle redouble de précautions hygiéniques à cause des chaleurs tropicales. N'ayant que peu de vin, que très peu de liqueurs, d'ailleurs spécialement réservés pour les malades et les nourrices, et l'eau qu'on nous distribue étant à peu près corrompue, nous arrêtons de faire, plus régulièrement qu'on ne l'a fait jusqu'ici, de l'eau bouillie, du thé, du café, du chocolat pour boissons principales. Quant aux vivres, que nous revoyons encore, nous sommes généralement contents de leur qualité, de leur quantité et de leur assortiment.

17, 18, 19, 20, 21 et 22 octobre. — Le vent nous pousse vigoureusement dans le golfe du Mexique. L'Assemblée se préoccupe de notre séjour à la Nouvelle-Orléans, où nous n'allons pas tarder d'arriver.

Elle prévoit, elle discute, elle éclaircit les principales difficultés que pourront susciter les correspondances, le louage du navire, le transbordement et l'achat des vivres, etc.

23 octobre. — Tout le monde est en mouvement, tous se livrent aux préparatifs de l'arrivée. Les matelots font la toilette du navire, et apprêtent les ancres, leurs chaînes, les cordes, les câbles de remorque. Le vent est favorable. Le capitaine dirige notre marche de manière que nous arrivions aux Balises demain à la pointe du jour.

24 octobre. — Cette nuit est une nuit d'attente ! En effet, nous

sommes impatients d'arriver au terme de notre traversée, et de toucher le sol hospitalier de la République américaine.

A 3 heures du matin, on voit poindre à l'horizon le phare des Balises. Au jour, nous distinguons la couleur de l'eau du fleuve, les terres basses du Delta, et les remorqueurs stationnaires. Nous hissons le pavillon, et l'un d'eux, le *Mary-Kingsland*, vient nous remorquer. A huit heures, nous arrivons au Mississipi, dans lequel nous entrons par le bras oriental.

L'agréable émotion que nous ressentons serait difficile à décrire. Nos indispositions disparaissent comme par enchantement. Notre joie redouble encore à la lecture des nouvelles d'Europe et d'Amérique que le pilote des Balises a apportées au capitaine.

Nous recevons la courte visite du douanier et du médecin. Nous sortons nos effets de la cale, tandis que l'énorme *Mary-Kingsland*, de la force de 500 chevaux, se dirige majestueusement vers le but de sa destination. Nous sommes encore à 150 milles de la Nouvelle-Orléans.

Nous jetons un dernier coup d'œil sur cette mer que nous venons de traverser et qui nous suggère une réflexion : nous pensons que la mer n'est plus un obstacle aux communications, mais au contraire un moyen de communication ; que des traversées telles que la nôtre offrent en bien une somme aussi grande qu'en mal ; et que, dans tous les cas, rien ne doit décourager des hommes disposés à tout braver dans l'intérêt de l'humanité. Lorsque tant d'émigrants passent les mers par ambition, par cupidité ou par goût d'aventure, un Icarien n'oserait-il pas les passer par dévouement ? Que l'idée de la traversée ne soitdonc plus un obstacle aux départs pour Icarie.

25 octobre. — Nous remontons rapidement le fleuve dont les rives basses sont couvertes de verdure et de petits arbres parmi lesquels s'élèvent de simples cabanes de pêcheurs.

Enfin, à 5 heures du matin, nous entrons dans le beau port de la Nouvelle-Orléans.

L'impatience d'arriver à Nauvoo, la question d'argent, l'économie du temps à cause du froid et des glaces dans le nord du fleuve, la fièvre jaune qui exerce ses derniers ravages de l'année, tout cela nous pousse à expédier vite nos affaires, et à quitter le plus promptement possible la Nouvelle-Orléans.

26 octobre. — Nous avons couché à bord de l'*Ashland*. Nous opérons le transbordement de ce navire sur le steamboat le *Columbus*, sur lequel nous monterons le Mississipi jusqu'à Saint-Louis.

Nos affaires générales ou privées exigent de nous beaucoup de démarches et des renseignements de toute espèce. Le correspondant de la Nouvelle-Orléans, le citoyen Duthy, nous accompagne partout, nous renseigne sur tout point. Son expérience et son dévouement nous ont été d'un grand secours.

27 octobre. — Nous couchons sur le *Columbus*. Nous achetons quelques provisions, et principalement du pain frais et de la viande fraîche. Nous quittons la Nouvelle-Orléans à 6 heures du soir, après un séjour de deux jours et demi.

Le citoyen Vaudran a quitté le navire, est parti avec le Français, le soir même de notre arrivée, sans nous faire ni observation, ni amitié, sans nous dire un mot.

28 octobre. — Nous nous réglons, et nous nous organisons à peu près comme sur l'*Ashland*.

29 octobre. — Nous dépassons à notre gauche le confluent de la rivière Rouge, qui nous rappelle la première avant-garde. Nous sommes émus, nous sentons grandir notre dévouement au souvenir des premiers soldats de la cause Icarienne.

30 octobre. — Le steamboat marche très rapidement. Le grand fleuve sur lequel nous nous rendons en Icarie est l'objet de notre admiration. Large comme un bras de mer, profond comme l'Océan, Le Mississipi justifie sa renommée, et l'on comprend pourquoi les Indiens l'avaient surnommé le *Père des eaux*.

31 octobre. — Deux Allemands alsaciens, une jeune fille et un jeune homme, qui avaient fait la traversée à bord de l'*Ashland*, et

que nous retrouvons à bord du *Columbus*, nous instruisent que, déterminés par notre propagande et surtout par notre conduite exemplaire, ils sont décidés à aller en Icarie. Ils nous prient même de vouloir bien les accepter parmi nous à compter de Saint-Louis. L'assemblée accueille favorablement leur demande.

Les 1er, 2 et 3 novembre, nous continuons à remonter le Mississipi, sans aucun accident.

4 novembre. – Nous arrivons à Saint-Louis à six heures du matin. Le navire à vapeur est mis immédiatement en communication avec le port. Nous redoublons notre surveillance pour nos bagages. Malgré cela on enlève au citoyen Leroy son caban avec une valeur de 21 francs.

Nous louons le *Packet-l'Editor*. Nous opérons le débarquement et l'embarquement de nos effets. Nous quittons Saint-Louis à quatre heures du soir, après un séjour de douze heures.

5 et 6 novembre. – A minuit le 6, nous arrivons à Keokuch, qui se trouve à 228 milles de Saint-Louis, et où s'arrêtent en général les steamboats. Les citoyens Roiné père, Cottet et Didier partent de suite pour aller prévenir la Colonie de notre arrivée.

Les deux Allemands qui s'étaient dits Icariens, qui voyageaient avec nous, et dont nous étions même satisfaits, sont travaillés par des compatriotes, qui ébranlent leur conviction et leur résolution encore mal assurées, et qui les entraînent à redescendre le fleuve pour aller à Louisville, où demeure une sœur de la jeune fille.

Le départ prend une suprême détermination au sujet du tabac. On n'a point chiqué dans le voyage. On n'a point fumé dans la traversée ; on a fumé quelques cigares sur le *Columbus*. Plusieurs ont prisé. Ceux qui ont fait, ou qui font encore usage du tabac, y renoncent pour jamais. Les tabatières sont jetées à l'eau.

Nous débarquons nos bagages sur le port, où nous allumons un grand feu de bivouac pour nous garantir contre le froid qui se fait déjà sentir.

La ville de Keokuch est à 12 milles de Nauvoo. Elle est bâtie sur la rive droite du fleuve, tandis que Nauvoo s'élève sur la rive gauche. A cause de la distance, et de la difficulté pour le flat-boat de descendre le fleuve et de le remonter, nous arrivons à Nauvoo les uns le 6, les autres les 7, 8 et 9. Nous jouissons tous d'une bonne santé.

L'aspect de Nauvoo nous fait tressaillir de joie! Sa situation est une des plus heureuses de tout le pays qu'arrose le Mississipi. L'état florissant de la Colonie dépasse généralement notre attente.

Nous avons atteint le but de notre voyage. Nos vœux sont réalisés. Il ne nous reste plus qu'à travailler avec ardeur et dévouement pour la prospérité de notre chère Icarie!

Les 51 partants réduits à 45 par la retraite de Vaudran, sa femme et deux enfants, et celle de Madame Alexandre et sa fille ont été admis provisoirement, à l'unanimité, comme membres de la Communauté, le 18 novembre 1854.

Le président de la Communauté Icarienne,

CABET.

TABLE.

—

www.ingramcontent.com/pod-product-compliance
Lightning Source LLC
Chambersburg PA
CBHW051717050726
47598CB00003B/942